WILHELM MERTENS
HELMUT OBERLACK

Qigong

Entspannt, gelassen und hellwach

INHALT

BEWEGEN, FÜHREN UND LEITEN

SAMMELN UND BEWAHREN

Zum Nachschlagen

Von heilsam bis meditativ: Qigong ist vielfältig

Gesundheit und Wohlbefinden zu kultivieren hat in China eine lange Tradition. Qigong mit seinen vielfältigen Übungen steht in dieser Tradition, die nicht nur in China, sondern seit einiger Zeit auch bei uns im Westen lebt. Wir teilen diese Tradition seit über 20 Jahren – als Lernende, Praktizierende, Unterrichtende sowie in unserer Tätigkeit für das Taijiquan & Qigong Netzwerk Deutschland. Erst zufälliger Begleiter, wurde Qigong für uns zum zuverlässigen Freund, der uns in leichten Zeiten viel Freude und Spaß und in schwierigeren Zeiten große Hilfe bietet. Dabei haben wir Qigong in all seiner Vielfalt erfahren: als entspannend, vitalisierend, anregend, beruhigend, heilend, meditativ, stärkend, abhärtend ...

So ist es unser Anliegen, Wege aufzuzeigen, die auch Ihnen den Zugang zu den schönen und hilfreichen Erfahrungen eröffnen, die Qigong möglich macht. Ist Ihr Interesse geweckt, so nehmen Sie sich etwas Zeit – und machen Sie sich mit Aufmerksamkeit und Geduld auf den Weg. Es lohnt sich.

Wilhelm Mertens

Helmut Oberlack

SO WIRKT ALLES ZUSAMMEN

Wer Qigong übt, tut etwas Gutes für sich selbst, das ihm überdies Freude bereitet. Dieses Kapitel erläutert die Hintergründe und Wirkungsweisen des Qigong: Warum Qigong einen so positiven Einfluss auf Gesundheit und Wohlbefinden hat, wie es entstanden ist, worauf es dabei ankommt. Diese Hintergrundinformationen sind wichtig, um richtig üben zu können. Denn erst mit dem rechten Verständnis wird Ihr Üben effektiv, und es gelingt leichter, Körper, Geist und Seele in Harmonie zu bringen. So macht Qigong noch mehr Spaß und schafft echtes Wohlbefinden.

Ruhe und Energie – das Geheimnis des Qigong

Den Körper mit sanften Bewegungen lockern, den Geist zur Ruhe bringen, entspannt sein und trotzdem voller Energie – das ist das Ziel von Qigong.

Kein Wunder, dass sich Qigong in den letzten Jahren in Deutschland neben Yoga und Taijiquan zur bekanntesten fernöstlichen Übungsmethode entwickelt hat. Die positiven Wirkungen des Qigong sind zahlreich und so vielfältig wie die Übenden selbst. Fast jeder Übende berichtet, dass Körper und Geist in Harmonie kommen, innere Gelassenheit sich einstellt und man sich im eigenen Körper wieder zu Hause fühlt. Über diese allgemein wohltuenden Wirkungen hinaus hat Qigong schon vielen Menschen aller Altersgruppen Linderung bei körperlichen Beschwerden gebracht, seien es Kopf- oder Gliederschmerzen, Rückenprobleme, Verspannungen, Schlafstörungen, Herzrasen, Schlappheit, Unkonzentriertheit und vieles andere mehr. So ist Qigong schon während des Übens regulierend und wohltuend, darüber hinaus aber auch nachhaltig wirksam. Die Übungen können auf die jeweiligen individuellen Bedürfnisse ausgerichtet werden.

Qigong bringt Gelassenheit und hilft bei körperlichen Beschwerden.

Gesundheit in Ost und West

Gesundheit gilt als hohes Gut – in der westlichen Welt nicht weniger als in der östlichen. Was aber ist Gesundheit? Im Westen haben wir uns darauf spezialisiert, alle Vorgänge zu definieren und zu analysieren. Da Gesundheit so schwer greifbar ist, hat sich die westliche Schulmedizin vor allem darauf konzentriert, die menschliche Anatomie zu untersuchen und zu definieren, wodurch sich Krankheiten kennzeichnen.

Die östliche Welt dagegen neigt eher dazu, die Dinge in größeren Zusammenhängen zu sehen und jedes Teil nur in seinem Wechselspiel mit dem Ganzen zu betrachten. Philosophie, Kultur und auch die Traditionelle Chinesische Medizin (TCM), zu der das Qigong gehört, basieren auf diesem Ansatz.

Yin und Yang

Teil und Symbol dieses ganzheitlichen Weltbilds ist das wohl bekannteste Konzept Chinas: Yin und Yang. Es steht für die sich gegenseitig bedingenden Gegensätze dieser polaren

Welt: Alles hat zwei Seiten, die voneinander abhängig sind und sich gegenseitig erschaffen. So wandelt sich der Tag (Yang) zur Nacht (Yin) und die Nacht wiederum zum Tag. Bei dieser Betrachtung nimmt der Wandel die zentrale Rolle ein. Dabei wird deutlich, dass Gegensätze nicht unvereinbar sind, sondern ihre Dynamik und Wandlung die gesamte Welt ausmachen. Wie im Yin-Yang-Symbol ausgedrückt, liegt in jedem Gegenpol schon der Keim des andern. In einer chinesischen Weisheit heißt es:

Das Yin und Yang haben ihren Ursprung im Ganzen,
und das Ganze ist die Mutter von Yin und Yang.
In Bewegung trennt sich das Ganze in Yin und Yang.
In Ruhe vereint es sich zum Ganzen.

Das Prinzip von Yin und Yang wird auch im Qigong immer wieder genutzt, um heilsame Prozesse anzuregen, Stauungen aufzulösen und körperliche und geistige Disbalancen auszugleichen. So wechseln sich zum Beispiel sinkende und steigende, beugende und streckende, öffnende und schließende Bewegungen ab. Mal lässt man Körperteile oder -bereiche »voll« werden, mal »leer«.

Das Prinzip von Yin und Yang wirkt auch im Qigong.

Dieses »Voll und Leer« hat verschiedene Bedeutungen, zum Beispiel in Bezug auf die Gewichtsverteilung: Wenn ein Bein das Körpergewicht trägt, kann es als voll bezeichnet werden, das andere Bein als leer. Aber auch die Aufmerksamkeit kann der Bezugspunkt sein. Wird sie beispielsweise in den linken Arm gelenkt, so wird dieser voll, der rechte hingegen leer.
Aber auch An- beziehungsweise Abwesenheit sowie die Menge von Qi werden mit voll und leer beschrieben. Ist irgendwo im Körper viel Qi, so ist dieser Bereich voll, fehlt hingegen Qi, so ist er leer.

Qi

Doch was ist Qi? Man könnte es schlicht als »die treibende Kraft« dieses andauernden Wandels bezeichnen. Qi wird im Deutschen häufig mit »Lebensenergie« übersetzt. Aber diese Übersetzung ist nicht wirklich zufriedenstellend.
Die Bedeutung von Qi könnte so beschrieben werden: Qi ist der Atem

Qi – oben als chinesisches Schriftzeichen dargestellt – entscheidet über Krankheit und Gesundheit.

des Lebens; das Potenzial aller Aktivität; das Zusammenwirken von alledem, was uns umgibt und ausmacht. Dazu gehören das Zusammenspiel unserer Körperfunktionen mit unseren Gedanken und Vorstellungen sowie das Umfeld, in dem wir uns bewegen. Beides beeinflusst uns, und beides können wir beeinflussen. Wir können die Beziehung unserer eigenen menschlichen Natur zur Außenwelt als anregendes oder krank machendes Spannungsverhältnis erleben. Wirkt dieses gesamte Potenzial günstig und unterstützend, sind wir gesund. Man kann dann auch sagen: Es wirkt ausreichendes und positives Qi.
Ein chinesischer Klassiker sagt:

Was Qi hat lebt,
was kein Qi hat stirbt.
Leben entsteht durch Qi.

Wir Menschen extrahieren das Qi aus der Luft, die wir atmen, aus dem, was wir essen, und verschmelzen es mit der Vitalität, die uns in die Wiege gelegt wurde, zu einer neuen Qualität. Diese Energie steht dann für all unser Tun zur Verfügung. Zu einem positiven Qi können wir beitragen, indem wir etwas für unser Wohlbefinden tun und aktive Lebenspflege betreiben – beispielsweise durch Qigong.
Qigong hilft dabei, den Prozess der Energiegewinnung effektiver zu gestalten. Atem, Verdauung, aber auch unser Bewegungsapparat werden durch Qigong bestens unterstützt. Qigong-Übungen regen die Qi-Produktion auf ganz spezielle Weise an: Der Vorgang beginnt mit einer Intention, einer Absicht des Geistes, etwa eine bestimmte Bewegung auszuführen. Aus dieser Intention entsteht Qi, das dann wiederum die Bewegung in Gang setzt. Qigong ist also ein Bewegungssystem, das Geist und Körper harmonisch miteinander verbindet.

Funktionskreise und Leitbahnen

Das Qi fließt im Körper in Leitbahnen, den so genannten Meridianen, die den gesamten Körper durchziehen. Im Idealfall fließt das Qi frei in den Meridianen. Dann ist der Mensch »rundum« gesund. Bei jeder Art der Abweichung von diesem Idealzustand ist der Qi-Fluss gestört und damit

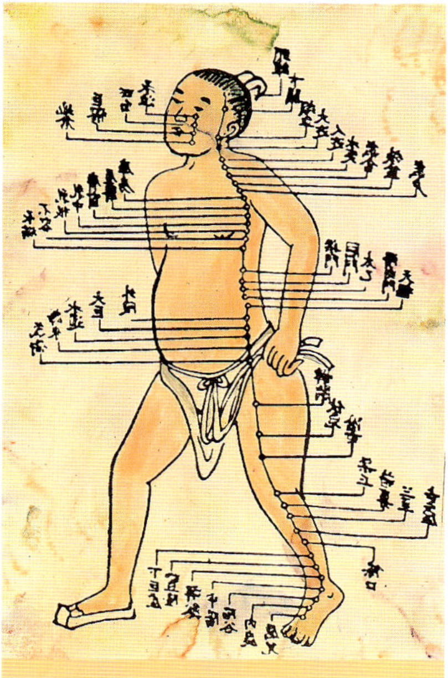

Akupunkturtafel mit den Akupunkturpunkten von der Schläfe bis zum Fußrücken. China 2. H. 19. Jh.

nicht im Gleichgewicht. Hält dieser unharmonische Zustand länger an, fühlt sich der Mensch zuerst unwohl und wird schließlich krank.
Die Harmonie des Qi-Flusses unterliegt einem komplizierten Zusammenspiel der Organe und der mit ihnen zusammenhängenden Meridiane, das hier freilich nur holzschnittartig dargestellt werden kann. Die Hauptmeridiane werden nach Organen bezeichnet, zum Beispiel: Leber, Herz, Milz, Lunge, Niere. Diese Organe haben nicht nur die Eigenschaften, die wir aus der (westlichen) Anatomie und Physiologie kennen, sondern sind verantwortlich für viele weitere Funktionen, die sich aus bestimmten Zuordnungen ergeben.

Die Fünf Elemente

Die Organe werden den Fünf Elementen zugeordnet, dem neben der Philosophie von Yin und Yang bekanntesten Ordnungssystem der TCM. So gehört beispielsweise die Leber zum Holz, das Herz zum Feuer, die Milz zur Erde, die Lunge zum Metall und die Niere zum Wasser.
Auch Emotionen werden den Fünf Elementen zugeordnet, beispielsweise die Wut dem Holz, die Freude dem Feuer, die Sorge der Erde, die Trauer dem Metall und die Angst dem Wasser. Ebenso Körpergewebe, Tages- und Jahreszeiten, Farben, Geschmacksrichtungen und vieles andere mehr.
Ein Beispiel, das gleichzeitig zeigt, dass es auch im Westen Analogien zu diesem Denken gibt: Leidet jemand unter einem lang anhaltenden Gefühl von Überforderung und ist ängstlich und ausgemergelt, so hat das in der TCM mit einer Schwächung der Nieren-Energie, zu tun. Die Nieren ste-

Emotionen, Körpergewebe und Organe werden den Fünf Elementen zugeordnet.

hen vereinfacht gesagt für die Essenz, die Grundenergie, die ein Mensch hat. Auch wir sagen: »Das geht mir an die Nieren«, wenn uns etwas ernsthaft beeinträchtigt, und beziehen dies sowohl auf die körperliche als auch auf die emotionale Ebene.

Die Fünf Elemente stehen durch verschiedene Zyklen miteinander in Verbindung. So gibt es den »nährenden Zyklus«: Holz nährt Feuer, Feuer nährt Erde, Erde nährt Metall, Metall nährt Wasser, und Wasser nährt wiederum Holz. Und es gibt den »Kontrollzyklus«: Wasser kontrolliert Feuer, Feuer kontrolliert Metall, Metall kontrolliert Holz und so weiter.

Erfahrene Qigong-Meister nutzen das Wissen um die Elementezyklen, um den Qi-Fluss zu harmonisieren.

Ärzte der TCM, aber auch erfahrene Qigong-Meister nutzen das Wissen um diese und andere Zyklen, um ganz gezielt auf den Qi-Fluss ihrer Patienten beziehungsweise Schüler Einfluss zu nehmen.

Stärkt man zum Beispiel die Leber (Holz), nährt man damit auch das Herz (Feuer). Gleichzeitig muss man im Auge behalten, dass die Milz (Erde) eingeschränkt werden kann, und dass auch die Emotionen, das Körpergewebe und andere Aspekte der jeweiligen Elemente angesprochen werden können.

Dauerhafte Harmonie gibt es nicht

Es ist praktisch unmöglich, dauerhaft einen ungestörten Qi-Fluss im Körper aufrechtzuerhalten. Zu viele fremde und auch selbst zu verantwortende Einflüsse stören die Harmonie des Qi-Flusses. Dies braucht uns im Prinzip nicht weiter zu beunruhigen. Es gehört ganz einfach zum Leben dazu. Es sollte uns allerdings motivieren, regelmäßig dafür zu sorgen, dass Disharmonien sich nicht manifestieren können und der freie Qi-Fluss wieder anregt wird. Wir können uns an Spezialisten wenden, die uns dabei helfen.

Ein Akupunkteur beispielsweise beeinflusst mit seinen Nadeln den Qi-Fluss, ein Masseur mit Akupressur. Wir können aber auch selbst etwas tun, nämlich mit geeigneten Übungen bestimmte Körperregionen, Leitbahnen und auch das Qi anregen. Wir können pflegend und ausgleichend auf Körper und Seele einwirken. Diese Übungen, die den Qi-Fluss harmonisieren, nennt man Qigong.

Zhang Zhong-Jing, chinesischer Arzt, der um 220 n. u. Z. eines der Grundlagenwerke der TCM verfasste.

Was ist Qigong?

Qigong bedeutet »Die Pflege des Qi«. Es sind Übungen, die Ruhe und Entspannung mit körperlicher Aktivität kombinieren. Bewegung, Atmung und Aufmerksamkeit sind die drei Säulen des Qigong. Qigong umfasst eine reiche Palette an Übungen und Hinweisen, mit denen wir Ausgeglichenheit und damit ein positives Lebensgefühl fördern können.

Das Spektrum reicht von Übungen zum Wohlfühlen über Entspannungs- und Kräftigungsübungen, wie sie in diesem Buch vorgestellt werden, bis hin zu solchen mit einer spezifisch therapeutischen Ausrichtung. Beispielsweise wird in China Qigong bei Erkrankungen eingesetzt, die wir im Westen dem Bereich der Psychosomatik zuordnen. Solche speziellen Qigong-Arten sollten allerdings nur unter Anleitung eines erfahrenen Qigong-Lehrers gelernt und geübt werden.

Gesundheit und ein langes Leben

Qigong hat eine über 2 000-jährige Tradition, in der sich Tausende von Übungen entwickelt haben, auch unter dem Einfluss der verschiedenen philosophischen Strömungen Chinas. So kann es je nach Herkunft in daoistisches, konfuzianisches und buddhis-

Langes Leben und Gesundheit durch Qigong.

tisches Qigong unterteilt werden.
Je nach ihrer Herkunft haben die Übungen unterschiedliche Zielsetzungen. Das daoistische und buddhistische Qigong verfolgen die Idee der ganzheitlichen inneren Pflege von Körper und Geist. Gesundheit und ein langes Leben standen hier im Dienste der Vervollkommnung des Menschen. Daher kam es auch, dass Übungen häufig nur geheim in Meister-Schüler-Beziehungen weitergegeben wurden. Man wollte verhindern, dass wirkungsvolle Übungen in die Hände von Menschen mit schlechten Absichten gerieten.
Das konfuzianische Qigong stellt mehr den medizinischen Aspekt in den Vordergrund. Deswegen bezeichnen es manche als den Vorläufer des modernen Qigong im heutigen China, das ebenfalls vornehmlich medizinisch orientiert ist. Qigong ist mittlerweile Teil vieler Therapiekonzepte, auch zur Behandlung von schweren und chronischen Krankheiten wie beispielsweise Krebs. Allerdings wird es nie ausschließlich angewandt, sondern immer in Verbindung mit anderen Therapien wie Kräutermedizin (Pharmakologie), Akupunktur, Akupressur und Diätetik.
Doch Qigong wird nicht nur nach seiner Herkunft, sondern auch nach der Charakteristik der Übungen unterteilt: in ruhebetontes (stilles) oder bewegungsbetontes Qigong, wobei die Trennlinie nicht eindeutig zu ziehen ist. Als Anhaltspunkt gilt: Ist die Übung mehr durch Atem- und Wahrnehmungslenkung geprägt, ordnet man sie dem stillen Qigong zu, geht es dagegen mehr um Bewegung und Kräftigung, spricht man von bewegungsbetontem Qigong.
Und noch eine weitere, sehr verbreitete Unterscheidung wird vorgenommen, nämlich die in weiches und hartes Qigong. Weiches Qigong zeichnet sich durch überwiegend sanfte Bewegungen aus, die primär das Ziel

haben, die Gesundheit zu fördern. Hartes Qigong dient überwiegend der Abhärtung des Körpers und wurde seit je von Kampfkünstlern geübt. Jegliche Art der Kategorisierung ist jedoch mit Vorsicht zu genießen, denn viele Qigong-Arten kann man durchaus mehreren Kategorien zuordnen.

Taijiquan und Qigong

Häufig wird nach dem Unterschied zwischen Taijiquan und Qigong gefragt. Taijiquan ist ein anderes Bewegungssystem aus China, das bei uns im Westen schon seit einiger Zeit bekannt und verbreitet ist. Es war ursprünglich eine Kampfkunst, wird heute aber überwiegend als Gesundheitsübung ausgeführt. Die Formen des Taijiquan bestehen aus Angriffs- und Abwehrbewegungen, außerdem gibt es auch Waffenformen und Partnerübungen. Die Aufmerksamkeit ist also, im Gegensatz zum Qigong, nicht nur nach innen, sondern auch nach außen – auf den Partner/Gegner – gerichtet, sei der auch imaginär.
Qigong hingegen ist von jeher Teil des chinesischen Gesundheitssystems und in gewisser Weise vielfältiger als Taijiquan: Es gibt Übungen im Liegen, Sitzen, Stehen oder auch Gehen. Außerdem ist die Aufmerksamkeit mehr nach innen gerichtet. Der Aspekt der Gesundheit steht beim Qigong eindeutig im Mittelpunkt.
Nichtsdestotrotz hat das Üben von Taijiquan ebenfalls ganz ausgezeichnete gesundheitliche Auswirkungen, schließlich muss ein guter Kämpfer auch gesund sein. Auch durch Taijiquan werden der Qi-Fluss und die Körperfunktionen gefördert und der Geist beruhigt.
Es ist überdies möglich, Taijiquan zu üben, ohne sich um die kämpferischen Aspekte zu kümmern. Dann wird das Taijiquan zu einer Art »Qigong-Übung«. Ein traditioneller Taiji'ler würde dann zwar sagen, das Taijiquan sei nicht komplett, gesund ist es aber trotzdem.

Taijiquan, ursprünglich eine Kampfkunst, dient heute überwiegend der Gesunderhaltung.

Über dieses Buch

Dieses Buch enthält Übungen zur Entspannung und Kräftigung sowie zur Steigerung Ihres Wohlbefindens. Es beginnt mit Übungen zur Einstimmung. Dies sind Übungen, die Sie innerlich auf das Üben vorbereiten: Lockerungsübungen und solche, die Sie »durchlässig machen«. »Durchläs-

Ein offener, »durchlässiger« Geist ist im Qigong sehr wichtig.

sigkeit« ist im Qigong von großer Bedeutung. Gemeint sind damit körperliche Vorgänge – wie der ungestörte Fluss des Blutes in »durchlässigen« Gefäßen oder der Qi-Fluss in den Meridianen – ebenso wie der offene Geist, der nicht durch ungesunde oder eingefahrene Verhaltensweisen »fest und blockiert« ist.

Im Hauptübungsteil stehen Ihnen dann zwei verschiedene Bewegungsabläufe zur Auswahl. Zum einen die »Acht Brokate«, eine traditionelle Qigong-Übungsreihe, die unterschiedliche Körperregionen miteinander harmonisiert. Zum anderen Übungen aus dem so genannten Taiji-Qigong – von Taiji-Bewegungen inspirierte Qigong-Übungen. Diese betonen mehr den Bewegungsfluss – und auch den Fluss des Qi – und schulen die Koordination.

Das letzte Kapitel mit sammelnden und bewahrenden Übungen schließt den Praxisteil ab.

Alle Übungen in diesem Buch können Sie sich in Ruhe erarbeiten und zu Hause durchführen. Bei regelmäßiger und sorgfältiger Praxis werden Sie einen positiven Effekt auf Ihr Wohlbefinden spüren. Erwarten Sie keine Wunder – aber rechnen Sie mit langsam eintretenden Verbesserungen Ihrer Gesundheit und einer kontinuierlichen Steigerung Ihrer Vitalität.

Tipps zum Üben

Bevor Sie mit dem Üben beginnen, bereiten Sie sich vor – äußerlich wie innerlich. Die Vorbereitung besteht im Wesentlichen darin, eine Atmosphäre zu schaffen, die Ihr Üben in allen Aspekten begünstigt: Äußerlich brauchen Sie bequeme Kleidung, die Sie keinesfalls einengt. Ziehen Sie Schuhe mit flachen Sohlen an, oder üben Sie barfuß beziehungsweise in Strümpfen. So haben Sie unmittelbaren Kontakt zum Boden, was im Qigong ganz wichtig ist.

Zur äußerlichen Vorbereitung gehört ein geeigneter Platz. Er sollte Ihnen vertraut und von allen störenden Einflüssen gereinigt sein. Räumen Sie ihn auf, schaffen Sie Platz, lüften Sie gut, stellen Sie das Telefon ab. Diese Vorbereitung sollte jedes Mal neu begangen werden. Zelebrieren Sie sie ruhig ein wenig. Sie geben dem Platz dadurch etwas Besonderes und machen deutlich, dass es Ihnen wichtig und wertvoll ist, etwas für sich und Ihre Gesundheit zu tun.

Eine innere Vorbereitung wird in China das »innere Lächeln« genannt. Auch die moderne Psychoneuroimmunologie weiß: Ein Lächeln wirkt. Es setzt »Glückshormone« frei, es lässt die Energien fließen und wirkt als Katalysator bei allem, was wir tun. Es wirkt nicht nur nach außen, sondern auch nach innen. Schenken Sie sich selbst ein (echtes, keine gedachtes!) Lächeln, und lassen Sie das daraus entstehende angenehme, freundliche und heitere Gefühl in Ihren Körper hineinsickern, bis alles davon erfasst ist. Dies braucht vielleicht ein wenig Übung, aber auf Dauer fördert es den inneren Reichtum.
Üben Sie regelmäßig. 20 bis 30 Minuten Üben am Morgen reicht aus, um den Tag gut zu beginnen – und macht Sie mit Sicherheit wacher und gesünder, als 20 Minuten länger zu schlafen. Aber natürlich können Sie auch eine andere feste Tageszeit wählen.

Denken und Gefühl

Setzen Sie Denken und Gefühl als verlässliche Partner für Ihr Üben ein. Dies ist eine wichtige Voraussetzung, um positive Effekte zu erzielen. Das Denken steht zu Beginn im Vordergrund. Um die einzelnen Abläufe der in den folgenden Kapiteln beschriebenen Übungen nachvollziehen zu können, brauchen Sie zunächst Ihren Kopf. Sie nehmen Neues auf, erinnern sich von Mal zu Mal mehr daran – und lernen schließlich den Ablauf der Übungen.
In dieser Phase herrschen Denken und auch Kontrolle vor. Der Verstand

Ein Lächeln

Ein Lächeln kostet nichts und bringt so viel.
Es bereichert den Empfänger und den Geber.
Es ist vielleicht nur kurz,
doch die Erinnerung daran ist oft unvergänglich.

Keiner ist zu reich, um darauf verzichten zu können.
Und keiner ist zu arm,
dass er es sich nicht leisten könnte.
Es bringt Glück und ist ein Zeichen von Freundschaft.

Es bekommt erst dann seinen Wert,
wenn es verschenkt wird.
Sollte der andere einmal kein Lächeln mehr
zur Verfügung haben,
überlasse ich ihm eins von meinen;
denn niemand braucht so sehr ein Lächeln,
wie der, der keines mehr übrig hat.

aus China

mit seinem Erinnerungsvermögen ermöglicht eine genaue Ausführung und Wiederholbarkeit der Übungen. Das Gefühl folgt etwas später. Sobald Sie den Ablauf verinnerlicht haben, können Sie den Schwerpunkt mehr darauf verlagern, während der Bewegungen in sich hineinzuspüren. So entwickeln Sie ein Gefühl für das, was Sie tun. Dieses Gefühl ist wichtig. Es bewirkt, dass die Übungen aus einem Guss sind – Körper, Verstand und Gefühl werden eine Einheit. Dies ist im Grunde auf alle Tätigkeiten des Lebens übertragbar und verändert so grundlegend die Lebensqualität.

Üben aus einem Guss: Körper, Verstand und Gefühl werden zur Einheit.

Aufmerksamkeit

Aufmerksamkeit verhält sich wie ein aufgewecktes Kind, das sich schlecht reglementieren, kontrollieren oder zwingen lässt. Die Aufmerksamkeit entwischt uns immer wieder. Sie ist überall da, wo etwas los ist. Sorgen Sie deshalb dafür, dass möglichst nur da etwas los ist, wo Sie die Aufmerksamkeit gern hätten. Dafür ist es, wie oben beschrieben, ratsam, eine ruhige Übungssituation zu schaffen, die frei von unnötigen Störungen ist. Geben Sie darüber hinaus den Übungen etwas Ausgeprägtes, Intensives, führen Sie die Bewegungen klar und deutlich aus, sowohl körperlich als auch mit Ihrer Aufmerksamkeit. Das macht es Ihnen leichter, dabeizubleiben. Nutzen Sie die Tipps und Hinweise zu jeder Übung, besonders auch die zu »Aufmerksamkeit und Wirkung«.

Wann ist Vorsicht geboten?

Alle Qigong-Übungen in diesem Buch sind grundsätzlich für jeden geeignet, unabhängig von Alter und Vorkenntnissen.
Besonders vorsichtig sollten Sie allerdings beim Üben sein, wenn Sie länger krank gewesen sind oder gerade eine akute Krankheit wie eine Grippe ausgeheilt haben, aber auch bei Erschöpfungszuständen, Problemen mit Kreislauf oder Blutdruck, Schmerzen, Verschleißerscheinungen der Gelenke, bei Asthma, während der Regelblutung und in der Endphase der Schwangerschaft. Dies gilt vor allem für die Übungen im Hauptteil. Die Übungen zur Einstimmung, die keinen großen körperlichen Einsatz erfordern, können Sie unter Umständen auch im Sitzen ausführen.

Wenden Sie sich im Zweifelsfall an Ihren Heilpraktiker oder Arzt.
Auf das Üben vorübergehend ganz verzichten sollten Sie bei akuten Infekten oder Entzündungen, akuten Schmerzen oder akuten Rücken- bzw. Gelenkproblemen.

Buch und CD verwenden

Lesen Sie die Übungen im Buch genau durch, und probieren Sie sie aus. Wenn Sie sich mit den Bewegungsabläufen und den Hinweisen etwas vertraut gemacht haben, können Sie auch die CD verwenden, die Sie durch einen Großteil der im Buch enthaltenen Übungen führt. Bei einem Teil der Übungen wird der Atem geführt. Ist der vorgegebene Rhythmus für Sie zu langsam, können Sie jederzeit einen Zwischenatem nehmen. Sie können eines der beiden Übungsprogramme, die wir auf der CD für Sie zusammengestellt haben, üben oder sich Ihr eigenes »CD-Menü« erstellen. Wählen Sie jeweils wenigstens eine Übung aus jedem Bereich aus – eine Einstimmungsübung, eine zum Lockern, dann eine der beiden Hauptübungsfolgen und zum Schluss eine Übung, um die ins Fließen gebrachte Energie zu sammeln und zu bewahren.
Dieses Buch vermittelt Ihnen einen ersten Zugang zum Qigong. Sollten Sie daran Gefallen finden, ist es ratsam, sich an einen Qigong-Lehrer in Ihrer Nähe zu wenden. Durch persönlichen Unterricht können Sie das Qigong noch tiefer erfahren.

Und nun viel Spaß
beim Üben!

Die eigene Erfahrung zählt

Um Qigong zu verstehen, brauchen Sie eigene Erfahrungen. Wenn Sie sich darauf einlassen, bekommen Sie diese einfach durch das Üben. Erklärungen und Erläuterungen, die Sie im Buch noch nicht verstehen, werden durch Nachdenken oft auch nicht klarer. Denn durch den Verstand allein lässt sich die unbekannte Welt des Qigong nicht erschließen. Er erfasst nur einen begrenzten Teil des Qigong. Gleichzeitig begreift der Körper Qigong auf seine Weise. Verstand und Körper ergänzen sich. Lassen Sie sich daher über das Lesen hinaus auf das regelmäßige Üben ein. Dann werden Sie Erfahrungen machen, die Sie das jetzt noch Unverständliche verstehen lassen. Erst durch Erleben bekommt vieles in dieser Welt seinen Wert, so auch im Qigong. Machen Sie den Versuch, und Sie erschließen sich eine ganz neue Welt – die Welt des Qigong.

KÖRPER UND GEIST VORBEREITEN

Der richtige Einstieg ist ganz wichtig, um erfolgreich und wirkungsvoll üben zu können. Deshalb helfen Ihnen die Übungen in diesem Kapitel, sich körperlich und geistig optimal auf die Hauptübungen des Qigong vorzubereiten. Lernen Sie zuerst die Grundpositionen kennen. Nehmen Sie Kontakt zu Ihrer Mitte auf, und setzen Sie dabei Atem und Vorstellungskraft ein – so werden Sie aufmerksamer und das Üben wird intensiver. Indem Sie den Körper lockern und lösen, kann das Qi besser fließen.

Drei Übungsschritte

Alle Übungen haben einen äußeren Ablauf und eine innere Wirkung. Der Ablauf ist die äußere Bewegung: Was macht der Rumpf, wie bewegen sich die Arme, wo liegt das Gewicht? Doch beim Qigong kommt es nur in zweiter Linie auf den äußeren Ablauf, in erster Linie aber auf den Effekt an: Was bewirkt die Übung in mir? Um vom Ablauf zur Wirkung zu kommen, sollten Sie immer in drei Schritten üben, die Sie jeweils in aller Ruhe ausführen.

TIPP

➤ Wenn es Ihnen gelingt, vom Tun und Handeln (sprich: Ablauf) zum Betrachten (sprich: Wirkung) zu wechseln, entsteht innere Ruhe!

1. Den Ablauf verinnerlichen

- Machen Sie sich mit dem Ablauf der jeweiligen Übung vertraut. Das braucht Zeit. Es ist wirklich wichtig, dass Sie die Bewegungsabläufe jeder einzelnen Übung in Ruhe lernen, egal wie lange Sie dafür brauchen. Setzen Sie sich nicht unter Druck. Qigong ist kein Leistungssport!
- Ganz wichtig beim Erlernen des Ablaufs ist, dass Sie locker bleiben und Verspannungen vermeiden. Wenn Sie sich zu sehr anstrengen, geht Ihnen die Lockerheit verloren, und Sie behindern sich selbst beim Lernen.

2. Ein Gefühl für die Übung entwickeln

- Entwickeln Sie ein Gefühl für die Übung. Wie Denken und Fühlen dabei zusammenwirken müssen, wurde schon im Einführungskapitel beschrieben. Lassen Sie sich auch hier so viel Zeit, wie Sie brauchen. Ungenau zu üben, nur um rasch voranzukommen, lohnt sich einfach nicht – denn es wird nicht die gewünschten Erfolge bringen.
- Wichtig, um ein Gefühl für die Bewegungen zu entwickeln, ist die Bereitschaft, sie offen zu entdecken und zu erfahren. Vorge-

fasste Ideen, wie eine Übung sich anfühlen oder wirken solle, erschweren es Ihnen, eigene Erfahrungen zu machen.

3. Die Wirkung betrachten

- Lenken Sie Ihre Aufmerksamkeit auf die Wirkung der jeweiligen Übung. Zusätzlich zum äußeren Ablauf werden in den folgenden Übungskapiteln die Wirkungen jeweils gesondert beschrieben. Je deutlicher Sie diese Wirkungen spüren, desto leichter wird es Ihnen naturgemäß fallen, Ihre Aufmerksamkeit darauf zu richten.
- Je intensiver Sie die ersten beiden Schritte vollzogen haben, desto größer ist die Wirkung und desto besser können Sie sie dann auch spüren. Und je mehr Sie spüren können, desto größer wird wiederum die Wirkung sein.
- Auch hier gilt: Lassen Sie sich Zeit!
- Dieser dritte Schritt wird Ihr Üben noch erlebnisreicher und interessanter machen. Denn hier entsteht etwas, das in der einschlägigen Literatur oft mit »Qigong-Zustand« bezeichnet wird. Wenn Ihre Aufmerksamkeit auf die Wirkung gerichtet ist, gelangen Sie in einen Zustand der betrachtenden Ruhe. Sie begegnen der meditativen Seite des Qigong.
- Es wird ein wenig dauern, bis sich Ihre Wahrnehmung für die Komplexität der Übungen entwickelt und verfeinert hat. Denn die Aufmerksamkeit kann am Anfang nicht überall sein. Sie sollten so lange bei einem Aspekt bleiben, bis Sie ein deutliches Gespür dafür entwickelt haben. Erst mit der Zeit werden Sie in der Lage sein, vieler Aspekte gleichzeitig gewahr zu sein – ein Merkmal des Qigong-Zustands, den Sie, wie die meisten Übenden, als besonders wohltuend empfinden werden. Es ist der meditative Zustand der »betrachtenden Ruhe«, der Geist und Körper in Einklang bringt.

TIPP

- Wenn Sie beim zweiten oder dritten Schritt Schwierigkeiten haben, kehren Sie lieber zum vorherigen Schritt zurück.

Die Grundpositionen

Im Qigong gibt es verschiedene Grundpositionen. Sie korrekt auszuführen, ist sehr wichtig für die Wirksamkeit der Übungen, denn wenn die Basis nicht stimmt, kann auch der Rest nicht stimmen. Die drei Grundpositionen, die in diesem Buch vorgestellt werden, sind der hüftbreite Stand, der Reitersitz und die Schrittstellung.

Der hüftbreite Stand

Auf der CD
Track 23

WORAUF SIE ACHTEN SOLLTEN

- Behalten Sie leicht gebeugte Knie. Das mag sich anfangs seltsam anfühlen, aber Sie werden sich schnell daran gewöhnen. Dies gilt für alle drei Grundpositionen.

Der hüftbreite Stand ist die natürliche Position im Stehen und Basis der meisten Qigong-Übungen. Sie erscheint uns ganz selbstverständlich, hat aber durchaus ihre Tücken. Machen Sie sich daher beim Üben bewusst, wie Sie normalerweise stehen, denn dies hat großen Einfluss auf Ihre Befindlichkeit im Alltag. Bereits kleine Verbesserungen, die Sie aus der Übungspraxis in den Alltag integrieren können, haben positive Auswirkungen.

- Stellen Sie die Füße parallel nebeneinander, in hüftbreitem Abstand. Die Zehen zeigen nach vorn. Knie und Becken sind genau in einer Linie über den Füßen.
- Verteilen Sie Ihr Körpergewicht gleichmäßig auf beide Füße.
- Beugen Sie leicht die Knie. Spüren Sie, wie sich dabei der untere Rücken entspannt und Hohlkreuztendenzen entgegengewirkt wird. Ihr Körpergewicht kann nach unten sinken, was eine stabilere Position bewirkt. Nach hinten durchgedrückte Knie würden Ihren Körper dagegen fest und angespannt werden lassen.
- Richten Sie nun den Rumpf möglichst gerade auf; lassen Sie Schultern und Arme locker seitlich hängen, und geben Sie etwas Raum in den Achselhöhlen, so als ob Sie dort ein Küken beherbergen wollten. Stellen Sie sich dann vor, Sie würden am höchsten Punkt des Kopfes von einem Faden nach oben gezogen wie eine Marionette. ❶ ❷

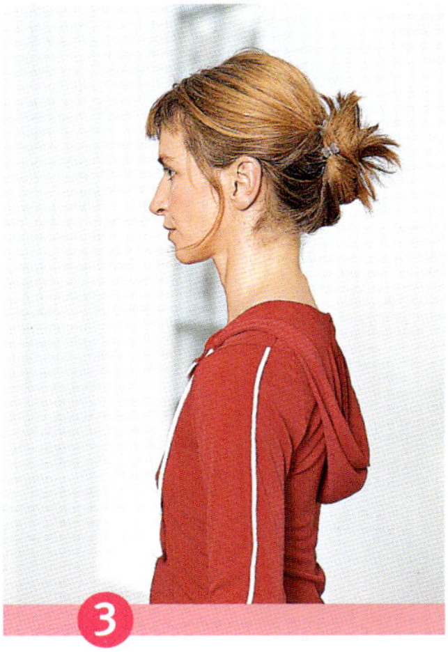

- Lassen Sie Bauch, Rücken, Schultern und Nacken los, ohne die Position zu verändern. Atmen Sie gleichmäßig und entspannt.
- Spüren Sie in diese natürliche aufrechte Standposition hinein: wie Ihre Füße den Boden berühren, wie Ihr Atem fließt, wie sich Ihr gesamter Körper anfühlt. Sie benötigen hier weder Kraft noch Haltung, sondern vielmehr Präsenz und Neugierde.
- Stellen Sie sich vor, Sie lauschen auf etwas. Hände und Füße bekommen etwas tastend-fühlend Aufmerksames. Ihr Oberkörper richtet sich ganz automatisch auf und bekommt eine leichte natürliche Spannung. 3 Demgegenüber sinkt Ihre Körpermasse nach unten. Beides hilft Ihnen zu entspannen.
- Werden Sie sich bewusst, dass Sie zwischen Himmel und Erde stehen. Stellen Sie sich vor, dass Ihre substanziellen, körperlichen Aspekte Richtung Erde sinken, wahrend die mentalen Aspekte Richtung Himmel aufsteigen. Letzteres geht leicht, wenn Sie ein inneres Lächeln visualisieren, das nach oben aufsteigt und Sie dabei ganz mühelos aufrichtet.

TIPP

- Falls das Üben zu anstrengend werden sollte und sich Ihre Oberschenkel zu sehr anspannen, schütteln Sie zwischendurch kurz die Beine aus.

WORAUF SIE ACHTEN SOLLTEN

- Strengt Sie der Reitersitz zu sehr an, sollten Sie etwas schmaler stehen oder sich weniger tief setzen.

Der Reitersitz

Der Reitersitz gewährleistet eine größtmögliche Stabilität des Unterkörpers und der Beine. Er wird daher in vielen Übungen verwendet, die darauf ausgerichtet sind, die Beine zu kräftigen und den Oberkörper beweglich zu machen.

➤ Setzen Sie die Füße in etwa doppelt hüftbreitem Abstand parallel nebeneinander.

➤ Beugen Sie dazu Hüftgelenke und Knie, sodass es Beinen und Becken möglich wird, einen angedeuteten Bogen wie ein Gewölbe zu bilden. Ihr Gewicht ruht gleichmäßig auf beiden Beinen. Sie können es so durch die Unterschenkel und Füße senkrecht nach unten in die Erde abgeben.

➤ Nehmen Sie die Knie ein wenig zurück, und lassen Sie dann im Lendenwirbelsäulenbereich etwas los. Ihr Becken macht dadurch eine leicht setzende Bewegung – so als würden Sie sich auf einen Stuhl setzen. Dadurch wird es Ihnen möglich, auch den Oberkörper zu entspannen.

➤ Bleiben Sie aufgerichtet. Dabei hilft es, den Kopf steigen zu lassen, so als würden Sie auf etwas lauschen. ❶ ❷

➤ Achten Sie besonders darauf, in der Hüfte und im Rücken loszulassen. Machen Sie die Gelenke nicht fest; blockieren Sie sie nicht, sondern bewahren Sie sich Ihre Bewegungsmöglichkeiten im Stehen. So bewahren Sie sich eine gewisse »Durchlässigkeit«.

➤ Bei dieser Position gilt: Finden Sie Ihr individuelles Maß und Ihre Ausprägung des Reitersitzes, die es Ihnen erlauben, die Position unver-

Wichtig für alle Grundpositionen

➤ Hüftgelenk, Knie und Fuß sollten immer eine Linie bilden, um Fehlbelastungen zu vermeiden. Vor allem darf das Knie nicht nach innen fallen. Es gibt eine einfache Möglichkeit, dies recht sicher zu überprüfen: Nehmen Sie eine der Grundpositionen ein. Lenken Sie Ihre Aufmerksamkeit auf eine Fußsohle. Bringen Sie ohne viel Aufwand die Zehen in einen guten Kontakt mit dem Boden, und spielen Sie vorsichtig mit dem Knie, bis Ihr Körpergewicht gleichmäßig auf Ferse, Mittelfuß und Ballen verteilt ist. Achten Sie in jedem Fall darauf, dass das Fußgewölbe auf der Innenseite keinen Kontakt zum Boden hat.

➤ Sie können die Stellung von Hüfte, Knie und Fuß zusätzlich mit einem Blick von oben kontrollieren. Korrigieren Sie gegebenenfalls ein wenig nach.

1

2

3

duelles Maß und Ihre Ausprägung des Reitersitzes, die es Ihnen erlauben, die Position unverkrampft, und ohne »Aus- und Durchhalteanspüche« einzunehmen und in ihr eine Zeitlang zu verweilen. Das kann vor allem bedeuten, dass Sie anfangs etwas weniger in die Knie gehen.

TIPP

➤ Sie können sich vorstellen, dass Sie sich an eine Wand anlehnen. Das hilft beim Loslassen im Lendenwirbelbereich und bei der Aufrichtung.

Die Schrittstellung

Die dritte Position, die Sie üben werden, ist die Schrittstellung. Sie wird weniger als Ausgangsposition verwendet, sondern taucht innerhalb von Übungen auf, die eine Gewichtsverlagerung beinhalten.

- ➤ Nehmen Sie den hüftbreiten Stand ein. Verlagern Sie Ihr Körpergewicht auf das linke Bein und wenden Sie sich, während Sie sich vom Bauch ausgehend leicht nach rechts drehen, dem unbelasteten rechten Bein zu. Der rechte Fuß dreht dabei auf der Ferse leicht mit. Nun bilden Ihre Füße einen Winkel von etwa 45 Grad.
- ➤ Setzen Sie nun den rechten Fuß um eine Fußlänge in der neuen Blickrichtung nach vorn. Sie befinden sich jetzt in der Schrittstellung rechts. 3
- ➤ Sie können die Schrittstellung natürlich auch nach links ausführen; die Gewichtsverteilung auf die Füße variiert je nach Übung.

WORAUF SIE ACHTEN SOLLTEN

- Der Schritt sollte nicht zu groß und nicht zu klein sein, damit eine Gewichtsverlagerung entspannt erfolgen kann und ohne dass Sie dabei das Gleichgewicht verlieren.

Das Dantian

1

Mit Dantian ist eine Körperregion gemeint, die eine zentrale Bedeutung für unser Qi hat. Sie liegt im Unterbauch, ihr Zentrum knapp unterhalb des Nabels. Genau genommen ist es das »untere Dantian«, denn es gibt noch zwei weitere: das obere im Kopf hinter der Stirn und das mittlere in Höhe des Solarplexus. Da beim Qigong überwiegend mit dem unteren Dantian gearbeitet wird, nennen wir es nur kurz »Dantian«. All unsere (Körper-)Bewegungen haben hier ihr Zentrum. Machen Sie sich daher mit Ihrem Dantian gut vertraut.

Kontakt aufnehmen

Atmung, Qi und Dantian stehen in direkter Verbindung: Wir atmen ein, und wir sammeln das Qi im Dantian. Die Zwerchfell- oder Bauchatmung spricht das Dantian besonders an.

- Atmen Sie ganz bewusst ein, und lassen Sie die Luft tief hinunter in den Bauch strömen. Auf diese Weise taucht der Dantian-Bereich ganz mühelos in Ihrer Wahrnehmung auf. 1

TIPP

- Sie können auch versuchen, diese Übung nur in Ihrer Vorstellung auszuführen. Das schult Ihre Sensibilität, Ihre Aufmerksamkeit und Ihre Fähigkeit zum »Zuhören« auf eine ganz neue Art und Weise.

Ein Experiment

Halten wir eine Belastung nur aus, spannen wir uns an und schränken uns damit ein. Können wir sie aber annehmen, wirklich tragen, bleiben wir frei beweglich. Qi im Dantian zu sammeln, macht uns »tragfähig« – körperlich wie seelisch. Machen Sie ein Experiment. Sie brauchen dazu einen vollen Rucksack.

- Stehen Sie im hüftbreiten Stand, und setzen Sie einen Rucksack mit ordentlichem Gewicht auf. Ihr Schultergürtel wird belastet.

- Halten Sie den Rucksack nun nicht, wehren Sie sich nicht gegen das Gewicht, sondern nehmen Sie die Last an, und leiten Sie das Gewicht des Rucksacks durch den Körper nach unten.
- Legen Sie die Hände an die Hüften, und streichen Sie, der Gürtellinie folgend, nach vorn zum Bauch, wobei Sie sich vorstellen, dass das Gewicht dort vom Dantian getragen wird.
- Entspannen Sie sich so gut wie möglich zusammen mit Ihrem Rucksack. Spüren Sie, dass der Rucksack nun »im Bauch liegt«?

2

Hüftkreisen

Diese Übung fördert Ihr Gefühl für die Bewegung aus dem Zentrum heraus. Lassen Sie Ihre Aufmerksamkeit auf dem Dantian ruhen, und spüren Sie dessen Bewegungen nach.

- Nehmen Sie den hüftbreiten Stand ein.
- Schieben Sie die Hüfte etwas zu einer Seite hinaus, und beginnen Sie, langsam mit der Hüfte zu kreisen. Versuchen Sie, nicht mit den Beckenknochen zu kreisen, sondern Ihr Dantian im Kreis zu bewegen – die Knochen bewegen sich dann mit.
- Wechseln Sie nach einigen Kreisen immer wieder die Richtung.
- Machen Sie mal kleinere und mal größere Kreise, und bleiben Sie in den Hüftgelenken so locker wie möglich.
- Nach einigen Minuten nehmen Sie die Hände mit dazu. Die Finger zeigen immer in die gleiche Richtung, in die auch die Hüfte zeigt. Haben Sie die Hüfte rechts, so zeigt die rechte Hand – Handfläche nach unten – mit den Fingern nach rechts vom Körper weg, die linke Hand – Handfläche nach oben – zeigt mit den Fingern nach rechts zum Körper hin. Wenn Sie nach links kreisen, rotieren die Handgelenke mit, bis die Finger nach links zeigen. Die Handflächen drehen sich dabei um. 2
- Lassen Sie das Kreisen langsam ausklingen.

WORAUF SIE ACHTEN SOLLTEN

- Halten Sie die Beine immer leicht gebeugt.
- Die Atmung sollte ruhig und gleichmäßig sein; sie ist nicht an die Bewegungsfolge gebunden.
- Die Bewegung des Dantians sollte die Bewegungen der Arme und Hände leiten.

TIPP

- Wenn Sie die Übung schon ganz gut kennen, variieren Sie mal die Geschwindigkeit.

Atem und Vorstellungskraft

Die folgenden Übungen eignen sich sehr gut für den Einstieg in Ihr regelmäßiges Übungsprogramm. Sie helfen Ihnen, Ihre Aufmerksamkeit zu sammeln, machen innerlich ruhig und fördern das Gefühl für Ihr Zentrum, das Dantian.

Auf der CD
Track 2

WORAUF SIE ACHTEN SOLLTEN

- Der ganze Körper bewahrt seine entspannte und gelassene Qualität. Verwechseln Sie dabei nicht Entspannung mit Schlappheit!

Das Dantian öffnen und schließen

- Nehmen Sie den hüftbreiten Stand ein, und sinken Sie etwas tiefer. Besinnen Sie sich auf Ihre Mitte, Ihr Dantian.
- Lassen Sie mit dem Einatmen die Arme bis auf untere Brusthöhe vor sich steigen. Die Handflächen sind dabei dem Dantian zugewandt; die Hände haben einen Abstand von etwa einer Handspanne. ❶ Mit der Bewegung steigt, kaum sichtbar, der ganze Körper ein wenig.
- Mit dem Ausatmen entspannen Sie Ihren ganzen Körper mit einem Gefühl, als würden Sie in Ihren Körper hineinsinken, während sich die Arme auf etwa doppelte Schulterbreite öffnen. Die Handflächen drehen sich dabei leicht nach außen. ❷
- Mit dem nächsten Einatmen lassen Sie die Arme wieder zurück vor die Brust schwingen.
- Wiederholen Sie das Öffnen und Schließen der Arme mehrfach, bis sich ein deutliches Gefühl für Ihr Zentrum herausgebildet hat.
- Lassen Sie dann die Arme neben den Körper sinken, und kommen Sie in die Ausgangsposition zurück.

Aufmerksamkeit und Wirkung

Spüren Sie, wie Ihr ganzer Körper eine leicht elastische Qualität bekommt – wie ein großer Sitzball, dessen Zentrum das Dantian bildet. Ihre Atmung wird ruhiger und tiefer.

1

2

TIPP

➤ Stellen Sie sich vor, dass Gummibänder zwischen Ihren Händen gespannt sind.

Die Atmung – Spiegel der Seele

Die Atmung spiegelt unsere Seele, unser emotionales Befinden wider, aber wir können umgekehrt über sie auch unser Wohlbefinden beeinflussen. Wir alle wissen, wie wohltuend es wirkt, einmal tief durchzuatmen. Die ganze Muskulatur des Rumpfes, die für jede Körperbewegung von Bedeutung ist, beteiligt sich an der Atmung und gibt ihr Platz und Raum. Sie kann uns jedoch auch einschränken. Festigkeit und Anspannung – sei es durch überflüssige Aktivitäten der Muskulatur, emotionalen Stress oder andere Faktoren, bedingt durch die Einseitigkeit so mancher Alltagstätigkeit – schränken die Atmung ein.

Die Qigong-Übungen in diesem Buch unterstützen verschiedene für die Atmung relevante Bereiche im Rumpf dabei, sich zu öffnen. Der Ablauf jeder Übung bedarf daher eines gewissen Maßes an Aufmerksamkeit, die sowohl die Bewusstheit für das Geschehen als auch die Selbstwahrnehmung stärkt. So werden Körper und Seele aufeinander eingeschwungen. Atem und Bewegung begleiten und unterstützen einander und wirken zusammen auf die Funktionen im Körper, die unser Leben erhalten und gestalten. Die Übungen ermöglichen eine ganzheitliche Ansprache des Atems – sie wirken dabei gleichermaßen harmonisierend und vitalisierend.

WORAUF SIE ACHTEN SOLLTEN

- Ihre Schultern bleiben während der gesamten Übung unten.
- Versuchen Sie, mit dem geringstmöglichen Muskeleinsatz die größtmögliche Bewegung zu erzielen.
- Gehen Sie nur so weit in die Hocke, dass Sie beim anschließenden Aufrichten keine Schwierigkeiten haben.

Den Atem harmonisieren

- Sie stehen im hüftbreiten Stand. Lassen Sie im Rücken los.
- Mit dem Einatmen lassen Sie die entspannt gestreckten Arme vor dem Körper nach oben bis in Kopfhöhe steigen; Ihr Körper sinkt dabei leicht. ❶
- Beim Ausatmen sinken die Arme raumgreifend seitlich vom Körper, der dabei wieder leicht steigt. Bleiben Sie entspannt. ❷
- Wiederholen Sie dieses große Armkreisen noch einmal.
- Mit dem nächsten Einatmen heben Sie die Arme seitlich neben dem Körper hoch, bis sie ein wenig oberhalb des Kopfes sind. Die oberen Lungen bekommen so besonders viel Raum für den Atem. Setzen Sie den linken Fuß dicht neben den rechten.
- Beim Ausatmen führen Sie die Arme vor dem Körper abwärts, gehen etwas in die Hocke und lassen den Oberkörper nach vorn sinken. Die Arme schwingen gleichzeitig nach hinten. Lassen Sie alle Luft aus den Lungen strömen. ❸
- Beim Einatmen richten Sie sich wieder auf in den Stand und lassen die Arme vor der Brust aufsteigen.

3

4

5

- Mit dem Ausatmen sinken die Arme wieder.
- Beschreiben Sie mit dem nächsten Einatmen mit den Händen einen horizontalen Halbkreis vor dem Bauch; die Schulterblätter öffnen sich dabei. 4
- Kehren Sie mit dem Ausatmen in die Grundposition zurück. 5
- Wiederholen Sie die gesamte Übung noch dreimal. Wechseln Sie dabei die Füße beim Heransetzen ab.

Aufmerksamkeit und Wirkung

Die Übung wirkt gleichermaßen harmonisierend und vitalisierend. Sie bewegt intensiv alle für die Atmung wichtigen Körperteile und stimmt sie aufeinander ab. Verfolgen Sie mit Ihrer Aufmerksamkeit die Bewegungen der Schultern, des Brustkorbes, des Bauches und des Rückens, und spüren Sie, wie sich Ihre Atmung verändert. Spüren Sie auch nach, wie bei entspannten Bewegungen der Atem freier fließt und sich angenehmer anfühlt.

Locker und durchlässig

Den Körper lockern, Blockaden lösen und die Energie ins Fließen bringen – das erreichen Sie mit den folgenden einfachen Übungen, mit denen Sie sich optimal auf das Hauptübungsprogramm im nächsten Kapitel vorbereiten.

Abklopfen

Auf der CD
Track 13

Klopfen Sie Ihren Körper von oben bis unten ab. Das lockert die Muskeln und macht wunderbar wach.

- Heben Sie den linken Arm leicht an, und drehen Sie ihn so, dass die Handfläche nach oben weist. Beginnen Sie dann mit der rechten geöffneten oder locker zur Faust geformten Hand auf Ihre vordere linke Schulter zu klopfen. Arbeiten Sie sich Stück für Stück den linken Arm hinunter bis zur Handfläche einschließlich der Finger. ❶ Dann drehen Sie den linken Arm um und klopfen wieder aufwärts bis zur Schulter. Wandern Sie wieder zur Vorderseite der Schulter ❷, und wiederholen Sie die Übung, sodass der Arm zweimal komplett abgeklopft wird.
- Anschließend beklopfen Sie auf die gleiche Art mit der linken Hand den rechten Arm.
- Nun klopfen Sie mit beiden Händen gleichzeitig auf Ihre Brust, die linke Hand die linke Seite und die rechte Hand die rechte Seite, wandern nach unten zur Taille und dann nach hinten zu den Nieren. ❸ Dabei können Sie sich leicht nach vorn beugen. Die Nieren beklopfen Sie ein wenig ausführlicher, denn sie gelten als der Sitz des Qi, Ihrer Lebenskraft.
- Arbeiten Sie sich dann weiter nach unten: Beklopfen Sie Ihr Gesäß, dann die Hinterseiten der Beine bis zu den Füßen hinunter, über die Außenseiten der Fußgelenke und den Fußspann gelangen Sie zu den Vorderseiten der Beine, die Sie nun auf-

WORAUF SIE ACHTEN SOLLTEN

● Klopfen Sie weder zu schwach noch zu stark. Sie sollten das Klopfen kräftig spüren, aber es darf Ihnen keine Schmerzen bereiten. Streben Sie die goldene Mitte an.

wärts beklopfen. Wenn Sie bei den Hüftgelenken angekommen sind, gehen Sie zu den Außenseiten der Beine und wieder nach unten, über den Fußspann und die Innenseiten wieder hinauf.

- Zum Abscnluss beklopfen Sie Ihren Unterleib, den Bauch und schließlich die Brust und gelangen so wieder zu den Vorderseiten der Schultern.
- Sie können sich gern mehrmals hintereinander abklopfen.

TIPP

- Variieren Sie diese Übung, indem Sie nicht klopfen, sondern reiben bzw. streichen.

Aufmerksamkeit und Wirkung

Verfolgen Sie mit Ihrer Aufmerksamkeit das Klopfen. Spüren Sie, wie sich die jeweiligen Muskeln dadurch angenehm lockern. Zusätzlich wird der Fluss des Qi in den Meridianen stimuliert. Das kann sich durch ein Wärmegefühl oder ein leichtes Kribbeln äußern.

1

Auf der CD
Track 24

WORAUF SIE ACHTEN SOLLTEN

- Das Schütteln soll keine Unruhe oder Hektik auslösen. Sie sollten sich ein paar Minuten lang schütteln können.
- Falls Ihnen beim Schütteln unwohl wird, beenden Sie die Übung umgehend in Ruhe. Verweilen Sie noch einen Augenblick. Vermeiden Sie es, die Übung abrupt abzubrechen.

Die Schüttelübung

- Nehmen Sie den hüftbreiten Stand ein.
- Beginnen Sie, langsam den ganzen Körper zu schütteln. Schütteln Sie nur leicht, aber doch so viel, dass der ganze Körper davon erfasst wird. Schütteln Sie sich weich und elastisch in die Beine, nach unten, zur Erde hin. Es sollte sich angenehm anfühlen. Bitte nicht übertreiben!
- Stellen Sie sich vor, eine Marionette zu sein, die der Marionettenspieler in die Hand nimmt und leicht schüttelt, sodass jedes Glied an seinen Platz fällt. 1
- Lassen Sie nun die Aufmerksamkeit durch den ganzen Körper wandern, und verweilen Sie bei jedem Körperteil ein wenig. Beginnen Sie mit dem Kopf, und spüren Sie, wie er sich durch die leichten Bewegungen entspannt. Gehen Sie weiter zum Hals. Er sollte frei beweglich auf den Schultern sitzen.
- Nun kommt der Rumpf an die Reihe. Die Schulterblätter sind frei beweglich mit dem Rücken verbunden; der Rücken entspannt sich bis hinunter zum Gesäß. Der Brustkorb wippt ganz entspannt auf dem Bauch.
- Die Arme baumeln lose wie Seile am Schultergürtel. Ellenbogen und Handgelenke sind locker. Die Hände sind entspannt und doch lebendig tastend und spürend.
- Das Schütteln geht durch die Hüften hindurch in die Beine und weiter durch Beine und Knie hindurch zu den Füßen. Schütteln Sie auch die Füße ganz locker durch, die dabei aber konstant den Bodenkontakt behalten.
- Führen Sie eine Wiederholung aus, vom Kopf bis zu den Füßen, dann lassen Sie das Schütteln langsam verebben.
- Bleiben Sie noch einen Augenblick ruhig stehen, um der Lebendigkeit in Ihrem Körper und gleichzeitig der einkehrenden Ruhe nachzuspüren.

Aufmerksamkeit und Wirkung

Lenken Sie Ihre Aufmerksamkeit langsam durch den Körper, und spüren Sie der lockernden und entspannenden Wirkung der Übung nach. Die Aufmerksamkeit verweilt so lange bei den einzelnen Körperregionen, bis die Wirkung deutlich wahrzunehmen ist. Durch das Schütteln bzw. Atmen lockern sich die Gelenke. Es löst Festigkeit und Spannungen – der Körper wird »durchlässig«. Ein Gefühl von Entspannung und Wärme stellt sich ein.

Den Körper lockeratmen

Diese Übung ist eine Variation der Schüttelübung. Der wesentliche Unterschied ist, dass der Körper nicht durch schütteln gelockert wird, sondern durch das Ausatmen.

- Nehmen Sie den hüftbreiten Stand ein.
- Lenken Sie beim Einatmen Ihre Aufmerksamkeit zum Kopf, und stellen Sie sich vor, wie sich beim Ausatmen der Kopf mit Schädeldecke, Gesicht und Hinterkopf lockert.
- Wiederholen Sie das ein- bis zweimal.
- Wandern Sie dann mit der Aufmerksamkeit wie bei der Schüttelübung den Körper hinab: von Nacken und Schultern über Oberarme, Unterarme, Hände, Brust, oberen Rücken bis hin zum Bauch, dann zu unterem Rücken, Gesäß, Oberschenkeln, Unterschenkeln und Füßen.
- Mit dem Einatmen geht die Aufmerksamkeit zu einer Körperregion, mit dem Ausatmen wird diese Region locker.
- Zum Schluss bleiben Sie noch einen Augenblick stehen und spüren nach, wie sich Ihr Körper nun anfühlt.

WORAUF SIE ACHTEN SOLLTEN

- Denken Sie immer an eine Region, nicht an einen Punkt.
- Spüren Sie auch, wie sich die Gelenke in dieser Region lockern, zum Beispiel beim Gesäß die Hüftgelenke.

BEWEGEN, FÜHREN UND LEITEN

In diesem Kapitel finden Sie die Hauptübungen Ihres regelmäßigen Qigong-Programms. Nachdem Sie mindestens eine Übung aus den beiden vorbereitenden Blöcken gemacht haben, können Sie sich nun mehrere Übungen entweder aus den Acht Brokaten oder aus dem Taiji-Qigong aussuchen. Für diese Übungsfolgen sollten Sie sich mindestens zwanzig Minuten Zeit nehmen, um sie in Ruhe und mit der angemessenen Intensität durchführen zu können. Zusammen mit der Bewegung führen und leiten Sie Ihre Aufmerksamkeit, sodass sich Körper und Geist harmonisch verbinden.

Die Acht Brokate

Die Acht Brokate sind eine sehr alte, bekannte Qigong-Reihe. Die hier beschriebene Version ist gut zum Einstieg geeignet. Die Acht Brokate wirken gleichermaßen kräftigend und stärkend sowie ausgleichend und regulierend. Sie sprechen das Zusammenspiel verschiedener Körperregionen an und balancieren den Körper in sich: oben-unten, rechts-links, innen-außen, vorn-hinten – und vor allem voll und leer. Yin und Yang im Körper werden harmonisiert.

Die Bezeichnung »Acht Brokate« tauchte in China erstmals in der Song-Zeit (960–1279 n. u. Z.) auf. Hong Mai (1123–1202 n. u. Z.) berichtete in einem Text von einem gewissen Li Siju, der die Acht Brokate übte. Einige Vorformen dieser Übungsreihe lassen sich bereits noch früher finden.

Attribute der kostbaren, farbenfrohen Brokatstoffe wurden auf die Gesundheitsübungen übertragen.

Der Wert, den diese Übungen haben, wurde damals schon erkannt. Brokatstoffe, die meist aus Seide gewebt waren, stellten zu dieser Zeit einen großen Wert dar. Bei der Bildhaftigkeit der chinesischen Sprache lag es nahe, Attribute dieser kunstvollen und meist farbenfrohen Stoffe auf diese Übungen zu übertragen. Eine andere Theorie besagt, die Übungen seien auf Brokatstoff überliefert worden.

Durch ihre positive Wirkung auf die Gesundheit verbreitete sich diese Übungsreihe im ganzen Land, und mit der Verbreitung wuchs auch die Zahl ihrer Variationen. So gibt es die Acht Brokate heute im Sitzen und im Stehen, jeweils in verschiedenen Ausprägungen, immer aber mit der Grundidee, dass die Übenden damit selbst etwas für ihre Gesundheit tun können. Im Sinne der Traditionellen Chinesischen Medizin sollen die »Acht Brokate« das Qi, die Lebensenergien des Menschen regulieren und ihn damit auch dazu befähigen, sich gegen von außen wirkende Einflüsse zu schützen. Dies drückt sich teilweise auch in den Namen der Übungen aus. »Die Füße heben, um die Tausend Mühsale abzustreifen« meint beispielsweise, Krankheit abzustreifen, denn der Begriff »Tausend Mühsale« steht für die Vielzahl aller Krankheiten. Mit »Die fünf Übel und sieben Leiden« in der vierten Übung sind seelische Disbalancen und Emotionen gemeint, die es zu regulieren gilt.

Die Acht Brokate sprechen bestimmte Meridiane an, durch die verschiedene Körperregionen und Funktionen untereinander reguliert und harmonisiert werden. Durch sie können Bereiche des Mangels mit Bereichen der Fülle ausgeglichen werden. Wo sich ein Überschuss an Energie gestaut hat, kann dieser abgeleitet werden. Wo zu wenig Energie ist, kann sie hingeleitet werden.

Die Acht Brokate helfen, Körperbereiche und -funktionen zu regulieren und auszugleichen.

In den Körper »hineinlauschen«

Wenn Sie sich nun mit den Übungen vertraut machen, lassen Sie sich dabei Zeit. Machen Sie die Übungen ruhig, behutsam und langsam, denn es dauert ein wenig, bis die Wirkungen eintreten. Sie brauchen sich nicht anzustrengen, denn diese Übungen aktivieren bereits bestehende Verbindungen innerhalb des Körpers. So wie bei einem Telefonat sind die Qualität der Verbindung und das genaue Hinhören wesentlich. Sie brauchen dann auch nicht in den Telefonhörer zu brüllen.

Wenn Ihnen der Ablauf der Übungen geläufig ist, ist es sinnvoll, mit der Aufmerksamkeit dort hinzugehen, wo die Wirkung spürbar ist. Das ist vergleichbar mit dem Zuhören. Nur wer zuhört, kann den Redner verstehen. Wer dazwischenredet oder bereits vorher zu wissen glaubt, was der andere sagen will, wird hingegen nichts verstehen.

Bei jeder Übungsanleitung sind die wesentlichen Wirkbereiche angegeben. »Lauschen« Sie in diese Bereiche hinein, und Sie werden die Übung mehr und mehr verstehen.

1

Mit beiden Händen den Himmel stützen

- Nehmen Sie den hüftbreiten Stand ein.
- Heben Sie die Arme, Handflächen nach unten, langsam seitlich über den Kopf, und verschränken Sie die Finger.
- Drehen Sie nun die Handflächen nach oben. Die Arme »stützen« nach oben »den Himmel«, während die Schultern nach unten sinken. Lassen Sie im Bauch und im Rücken los, das Steißbein »fällt« in Richtung Boden, und der Rücken wird (scheinbar) länger. Beine und Knie verändern sich dabei nicht. 1
- Bevor die Bewegung erstarrt, lösen Sie die Hände und lassen die Arme, Handflächen nach unten, langsam seitlich sinken, bis Sie wieder in der Ausgangsposition sind.
- Wiederholen Sie die Übung zweimal.

Auf der CD
Track 3

Aufmerksamkeit und Wirkung

Spüren Sie in die Rumpfvorderseite hinein. Hier wird der Herz-, Brust- und Magenbereich gedehnt, was sich regulierend auswirkt. Die Verteilung von Blut und Qi wird verbessert, die Abwehrkräfte werden mobilisiert. Die genannten Körperregionen spielen hierfür eine zentrale Rolle.

WORAUF SIE ACHTEN SOLLTEN

- Auch wenn Sie sich strecken und dehnen – spannen Sie sich dabei nicht an.

Den Bogen spannen und auf die Wildgans zielen

- Nehmen Sie den Reitersitz ein (siehe Seite 26).
- Heben Sie die Arme vor dem Körper an, bis sie sich vor der Brust kreuzen. Die Handflächen sind dem Herzen zugewandt. 2
- Drehen Sie die linke Hand und den linken Unterarm nach außen, und bilden Sie mit Zeige- und Mittelfinger eine »Kimme«.

2

3

Auf der CD
Track 4

- Schwenken Sie dann den gesamten linken Arm zur linken Seite aus, bis er nahezu gestreckt ist. Drehen Sie gleichzeitig den Kopf mit, und peilen Sie mit den Augen durch die »Kimme« ein imaginäres Ziel, eine Wildgans, an. Die rechte Hand »spannt« währenddessen »den Bogen«. Die Arme, der rechte Ellenbogen und die Schultern bilden in etwa eine waagrechte Linie. 3 Jetzt sinken die Schulterblätter und bewegen sich aufeinander zu, die Ellenbogen ziehen nach hinten, die Brust wird weit.
- Lösen Sie die Spannung, lassen Sie die Arme sinken, und drehen Sie den Kopf langsam zur Mitte. Sie befinden sich jetzt wieder in der Ausgangsposition.
- Ohne den Fluss der Übung zu unterbrechen, kreuzen Sie nun die Arme erneut vor der Brust und spannen den Bogen zur anderen Seite, um dort »auf die Wildgans zu zielen«.
- Machen Sie auf jeder Seite zwei Wiederholungen.

Worauf Sie achten sollten

- Der Atem fließt natürlich und ungehindert.
- Der Bewegungsfluss sollte zu keinem Zeitpunkt unterbrochen werden – auch nicht, wenn Sie die Seiten wechseln.

Aufmerksamkeit und Wirkung

Spüren Sie, wie Herz- und Brustbereich gedehnt werden. Der Herzbereich spielt eine wesentliche Rolle für das Blut, welches wiederum das Yin im Körper harmonisiert.

1

2

3

Auf der CD
Track 5

WORAUF SIE ACHTEN SOLLTEN

- Bleiben Sie aufrecht, auch wenn Sie einen diagonalen Zug im Körper spüren. Verziehen Sie sich nicht seitlich.

Himmel und Erde stützen

- Nehmen Sie den hüftbreiten Stand ein.
- Lassen Sie die rechte Hand seitlich neben dem Körper steigen, die Handfläche weist dabei zur Erde – bis sie sich über dem Kopf befindet. 1 Drehen Sie gegen Ende der Bewegung die Handfläche nach oben, und »stützen« Sie den »Himmel« wie in der ersten Brokat-Übung. Gleichzeitig lassen Sie die linke Hand nach unten sinken, winkeln das Handgelenk ab und »stützen« die Erde. 2
- Drehen Sie dabei beide Arme etwas einwärts, sodass die Finger in Richtung Körpermittellinie zeigen. Die Schulterblätter sinken, während Arme und Schultern gedehnt werden. Lassen Sie im gesamten Rücken los, und lassen Sie die diagonale Streckung zu. Hüfte und Knie sind leicht gebeugt, der Lendenbereich ist weich und offen.
- Wiederholen Sie die Übung zweimal auf jeder Seite.

Aufmerksamkeit und Wirkung

Hier gilt es, »die Mitte zu wahren«. Wählen Sie Bauch und Gesicht als stabilen Bezug, während drum herum vielseitige Bewegungen stattfinden. Diese Übung wirkt fördernd auf alles, was im Körper transportiert und umgewandelt wird: Blut, Lymphe, Qi, Stoffwechsel usw.

Die fünf Übel und sieben Leiden hinter sich lassen

Auf der CD
Track 6

- Nehmen Sie den hüftbreiten Stand ein.
- Drehen Sie den Kopf langsam zur Seite, ohne den Rumpf mitzubewegen. Die Augen führen die Bewegung an. Die Arme hängen entspannt seitlich am Körper, und die Hände sind tastend-fühlend. Drehen Sie den Arm, der dem Blick abgewandt ist, etwas nach außen, bis die Handfläche nach vorn zeigt. 3
- Bevor Ihre Bewegung ins Stocken gerät, kehren Sie in die Ausgangsstellung zurück.
- Drehen Sie den Kopf nun langsam zur anderen Seite; wieder führt der Blick die Bewegung an.
- Wiederholen Sie die Übung zweimal auf jeder Seite.

Aufmerksamkeit und Wirkung

Die Übung wirkt wohltuend auf Nacken, Ohren, Schultern und Arme. Lassen Sie Ihre Aufmerksamkeit dort ruhen. Nach zu großer Anstrengung oder Wärmeverlust verspannen sich gerade diese Bereiche oft. Hier wirkt die Übung mobilisierend. Sie reguliert das Yang im Körper.

WORAUF SIE ACHTEN SOLLTEN

- Führen Sie die Dehnung sehr achtsam und nicht zu stark aus.
- Der Kopf bleibt aufgerichtet. Kippen Sie ihn nicht, wenn Sie ihn drehen.

TIPP

- Stellen Sie sich vor, sich lauschend und horchend umzuschauen. Das gewährleistet, dass Sie den Kopf beim Drehen aufgerichtet lassen.

Auf der CD
Track 7

WORAUF SIE ACHTEN SOLLTEN

- Ihre Atmung sollte ungehindert fließen. Nicht pressen! Der Brustbereich darf nicht unter Druck geraten.
- Bei Bluthochdruck sollte diese Übung nur sehr vorsichtig ausgeführt werden.
- Dosieren Sie die Intensität dieser Übung auf Ihr individuelles Maß, sodass Sie sich zwar gefordert fühlen, aber noch nicht anstrengen.

Mit dem Schwanz wedeln wie ein Fisch und den Mond anbellen

- Nehmen Sie den Reitersitz ein (siehe Seite 26).
- Lassen Sie zuerst den Kopf und dann den Oberkörper langsam los und sich seitlich nach rechts neigen. Beine und Becken bewahren den Reitersitz: Das Becken bleibt aufrecht, gerade und stabil. Die Arme hängen locker seitlich herunter.
- Wenn Sie sich nicht weiter zur Seite neigen können, ohne das Becken mitzubewegen, drehen Sie den Kopf einwärts nach links oben und »bellen den Mond an«. 1
- Richten Sie dann den Blick auf den Boden, machen Sie mit dem Oberkörper eine entspannte, halbkreisförmige Bewegung nach unten, und kommen Sie auf der linken Seite wieder hoch, bis Sie seitlich nach links geneigt sind. Bitte zwischendurch immer wieder auf die stabile Beckenposition achten! Drehen Sie den Kopf auch auf dieser Seite einwärts, diesmal nach rechts, und blicken Sie zum »Mond« hinauf. 2
- Richten Sie sich langsam und geschmeidig wieder auf in den stabilen Reitersitz. 3
- Üben Sie nun in die entgegengesetzte Richtung, insgesamt zweimal zu jeder Seite hin.

Aufmerksamkeit und Wirkung

Die Übung reguliert die Energie von Kehle, Brust, Lunge und Zwerchfell, alles Bereiche, die für die Atmung relevant sind. Wenn Sie »mit dem Schwanz wedeln wie ein Fisch und den Mond anbellen«, stärken Sie den gesamten Atmungsapparat. Ihre Aufmerksamkeit sollte der Verbindung dieser Bereiche mit dem erdverbundenen Unterkörper gelten.

4

Die Füße heben, um die tausend Mühsale abzustreifen

Auf der CD Track 8

- Nehmen Sie den hüftbreiten Stand ein. Die Arme hängen locker seitlich neben dem Körper, die Hände sind tastend-fühlend aufmerksam, die Handflächen nach hinten gerichtet.
- Lassen Sie Ihren Schwerpunkt nach vorn zu den Fußspitzen wandern. Drücken Sie sich leicht aus den Füßen heraus, sodass es eine aufrichtende Bewegung wird. Dadurch massieren Sie kräftig Ihre Füße. Die Arme drehen sich in der Aufrichtung, bis die Handflächen nach vorn zeigen. 4
- »Rollen« Sie nun von den Fußspitzen zu den Fersen. Bei dieser »setzenden« Bewegung drehen sich die Arme zurück, bis die Handflächen nach hinten zeigen.
- Schwingen Sie so einige Male vor und zurück.

Aufmerksamkeit und Wirkung

Verfolgen Sie mit Ihrer Aufmerksamkeit, wie der ganze Rücken hinauf und hinunter durchgeknetet wird. Die Übung fördert außerdem wunderbar den Gleichgewichtssinn.

WORAUF SIE ACHTEN SOLLTEN

- Kämpfen Sie nicht mit dem Stand, sondern spielen Sie mit der Balance.
- Machen Sie keine aktiven Bewegungen in den Knien, sondern lassen Sie die Knie sich einfach mitbewegen.
- Bewahren Sie, während der gesamte Körper leicht vor- und zurückschwingt und sich ständig neu über dem Schwerpunkt justiert, »sinkend« Bodenkontakt.

Auf der CD
Track 9

WORAUF SIE ACHTEN SOLLTEN

- Geben Sie der Übung Bestimmtheit. Machen Sie die Bewegungen ruhig und nicht ruckartig, jedoch mit klarer Richtung und Intention.
- Die Augen bleiben die ganze Zeit über weit offen und funkeln!

TIPP

➤ Betrachten Sie das Schulterblatt als Teil des Armes, dann nimmt die Schulter automatisch an der Bewegung teil und hält nicht fest.

1

2

Mit den Fäusten schlagen und mit den Augen funkeln

➤ Für diese Übung begeben Sie sich wieder in den Reitersitz.
➤ Bilden Sie geschlossene, doch weiche Fäuste. Heben Sie sie entspannt vor die Brust, und funkeln Sie mit den Augen.
➤ Schlagen Sie mit der rechten 1, dann mit der linken Faust gerade nach vorn. Der Schlag sollte bestimmt, kontrolliert und langsam ausgeführt werden. Drehen Sie dabei die Faust leicht, sodass die Fingerknöchel am Ende des Schlags nach oben weisen. Kehren Sie nach jedem Schlag zur Ausgangsposition zurück.
➤ Schlagen Sie nun mit einer leichten Oberkörperdrehung mit der rechten Faust nach rechts 2, dann mit der linken nach links.
➤ Wiederholen Sie das »Fäusteschlagen« zweimal auf jeder Seite.

Aufmerksamkeit und Wirkung

Beobachten Sie, wie durch den Reitersitz und die Bewegung aus der Mitte heraus Schultern und die Körperseiten aktiviert werden. Diese werden dem Yang zugeordnet, ebenso die funkelnden Augen. So wird das Yang reguliert.

Sich an die Füße fassen

3

4

- Stehen Sie hüftbreit, das Gewicht während der gesamten Übung stabil auf den ganzen Fuß verteilt.
- Bringen Sie den Oberkörper langsam nach unten, indem Sie Wirbel für Wirbel abrollen – erst die Hals-, dann die Brust-, zum Schluss die Lendenwirbelsäule –, bis Sie mit den Händen die Füße fassen können.
- Lassen Sie den Kopf und die Arme entspannt nach unten hängen, und lösen Sie noch vorhandene Spannungen, indem Sie die Arme leicht hin und her schwingen oder ausschütteln. 3
- Bevor Sie sich langsam wieder aufrichten, führen Sie das Becken etwas tiefer und »setzen« sich zwischen Ihre Beine. Dadurch richten sich Becken und Lendenwirbelsäule auf. 4
- Jetzt »stapeln« Sie die einzelnen Wirbelkörper wieder übereinander, während Sie ganz bewusst Gewicht auf die Füße geben, bis der ganze Körper wieder aufrecht und in Balance ist.
- Wiederholen Sie die Übung noch einmal.

Aufmerksamkeit und Wirkung

Hüften und Taille übernehmen hier einen großen Anteil der Bewegung, wodurch die obere und untere Körperhälfte harmonisiert werden. Die Region um die Schläfen und der Hals werden besonders gut versorgt. Achten Sie darauf, dass die vermehrte Blutzufuhr im Kopf nicht unangenehm wird, und richten Sie sich zeitig genug wieder auf.

Auf der CD
Track 10

WORAUF SIE ACHTEN SOLLTEN

- Lassen Sie sich Zeit. Richten Sie sich so auf, dass Ihr Schwerpunkt in der Fußmitte bleibt. So vermeiden Sie es, die Wirbelsäule unnötig zu belasten.

TIPP

- Probieren Sie zuerst aus, sich mit dem Rücken an einer Wand hochzurollen. Das hilft Ihnen, ein Gespür für die Bewegung zu bekommen.

Taiji-Qigong

Das Taiji-Qigong ist eine relativ neu entwickelte, sehr beliebte Form des Qigong. Es eignet sich sehr gut zur Gesundheitsvorsorge, wird aber auch in chinesischen Krankenhäusern eingesetzt – einerseits um die Konstitution der Patienten zu stärken, andererseits zur Nachsorge. Die Bewegungen des Taiji-Qigong sind aus dem Taijiquan entlehnt und dem Qigong angepasst.

Bewegungsfluss aus der Mitte

Im Taiji-Qigong werden ruhige und aktive Elemente kombiniert, das harmonisiert den Qi-Haushalt.

Charakteristisch für das Taiji-Qigong ist der Bewegungsfluss: Es wird nicht in einzelnen Positionen verweilt, sondern in konstantem, langsamem Tempo geübt. Wesentlich ist außerdem, dass alle Bewegungen vom Körperzentrum, dem Dantian ausgehen, von wo sie sich nach außen fortsetzen. Das bedeutet, das Dantian bewegt sich zuerst, der übrige Körper folgt. Zunächst ist dies leichter gesagt als getan. Wir sind es gewohnt, die »Peripherie« des Körpers (Arme, Beine und Kopf) unabhängig vom Rumpf zu bewegen. So greifen wir zum Beispiel nach rechts zur Kaffeetasse, ohne den Rumpf dabei zu drehen. Eine ganz andere Bewegung wäre es, wenn wir uns erst mit dem Bauch nach rechts drehen und uns aus dieser Bewegung den Schwung für die Armbewegung holen, damit die Hand zur Kaffeetasse gleitet. Probieren Sie diesen Unterschied mal aus, und Sie werden feststellen, es ist gar nicht so schwer und fühlt sich sogar noch gut an. Dieser Bewegungsfluss vom Zentrum zur Peripherie, vom Bauch zu Händen und Füßen, ist typisch für Taijiquan und sollte beim Üben vom Taiji-Qigong im Mittelpunkt der Aufmerksamkeit stehen.
Die Bewegungen des Taiji-Qigong kombinieren ruhige und aktive Elemente miteinander, wodurch der Qi-Haushalt harmo-

nisiert wird. Sie werden entspannter, und Ihre Beweglichkeit wird sanft gefördert – sanft, weil die Bewegungen nicht über Ihre Körpergrenzen hinausgehen.
Die hier vorgestellten Übungen des Taiji-Qigong beinhalten verschiedene Qualitäten von Bewegung: solche, die das Gleichgewicht schulen, Gewichtsverlagerungen sowie Sinken und Steigen. Alle Übungen beginnen und enden im hüftbreiten Stand. Nach jeder Übung können Sie dort einen Augenblick verweilen, bevor Sie mit der nächsten Übung beginnen.

Worauf Sie beim Üben achten sollten

- Lassen Sie den Körper entspannt.
- Der Rumpf bleibt gerade. Vermeiden Sie einen Rundrücken ebenso wie ein Hohlkreuz.
- Ihre Schultern bleiben unten, egal wie hoch Sie die Arme heben.
- Lassen Sie die Arme grundsätzlich leicht gebeugt, bitte niemals durchdrücken!
- Auch die Knie sind immer gebeugt. Werden sie etwas mehr gebeugt als in der Grundposition, dann nie so weit, dass sie weiter vorn sind als die Fußspitzen.
- Atmen Sie ruhig, niemals gepresst oder forciert. Am besten ist es jedoch, Sie achten zuerst einmal gar nicht auf die Atmung, sondern konzentrieren sich nur auf die Bewegungen. Erst wenn Sie mit deren Ablauf vertraut sind, können Sie Ihre Aufmerksamkeit zusätzlich auf den Atem richten. Grundsätzlich sollte das Tempo der Bewegungen langsam sein, und der Atem sollte den Bewegungen problemlos folgen können.
- Verfolgen Sie mit den Augen die Bewegungen der Hände, ohne darauf zu starren. Ausnahmen sind »Wie eine Wildgans fliegen« und »Den Ball prellen«, hier sehen Sie entspannt geradeaus, während sich die Hände im peripheren Blickfeld bewegen.
- Die Bewegungen sollten angenehm sein.
- Bei den Beschreibungen sind manchmal mehrere Punkte angegeben, auf die Sie Ihre Aufmerksamkeit richten können. Wenn Ihnen der Ablauf keine Schwierigkeiten mehr macht, können Sie mit Ihrer Aufmerksamkeit spielen. Mal achten Sie auf den einen, mal auf einen anderen Punkt. Im Laufe des Übens wird sich alles zusammensetzen.

1

2

Den Atem regulieren

➤ Nehmen Sie den hüftbreiten Stand ein, und konzentrieren Sie sich auf Ihre Mitte.

➤ Gehen Sie, während Sie einatmen, mit dem Dantian leicht nach oben, sodass sich die Beine ein wenig strecken. Die Knie aber nicht durchstrecken. Heben Sie gleichzeitig die Arme langsam vor dem Oberkörper bis in Schulterhöhe, wobei die Schultern unten bleiben. Die Handflächen weisen nach unten, die Handgelenke sind entspannt. 1 Stellen Sie sich vor, Sie steigen innerlich Richtung Himmel.

➤ Lassen Sie Ihr Dantian wieder sinken, wodurch sich die Beine etwas beugen. Parallel dazu führen Sie die Arme nach unten, bis die Hände die Höhe des Unterleibs erreichen. Atmen Sie bei dieser Bewegung aus, und stellen Sie sich vor, wie Sie in die Erde sinken. 2

➤ Wiederholen Sie die Auf- und Abbewegung fünfmal.

Auf der CD
Track 14

WORAUF SIE ACHTEN SOLLTEN

- Gehen Sie beim Ausatmen nur so weit in die Knie, wie es Ihnen angenehm ist.
- Bei Bluthochdruck sollte mehr das Sinken betont werden, bei niedrigem Blutdruck eher das Steigen.
- In jedem Fall sollten Sie mit dem Oberkörper aufrecht bleiben und sich nicht nach vorn beugen.

Aufmerksamkeit und Wirkung

Die Aufmerksamkeit folgt dem Steigen des Qi im Körper beim Einatmen und dem Sinken des Qi beim Ausatmen. Sie entwickeln dadurch ein Qi-Gefühl. Der Atem wird angeregt und harmonisiert, der Qi-Haushalt im Ober- und Unterkörper reguliert. Der gesamte Körper, insbesondere der Rücken, entspannt sich.

Die Brust öffnen

➤ Sie stehen hüftbreit und richten Ihre Aufmerksamkeit auf das Dantian.

➤ Steigen Sie mit Dantian und Armen wie in der Übung »Den Atem regulieren«.

➤ Drehen Sie die Handflächen zueinander. 3

➤ Lassen Sie mit dem Ausatmen die Arme zur Seite schwingen, bis sie seitlich neben dem Körper, aber noch etwas vor der Schulterachse sind. Die Schultern sind dabei ganz locker. 4 Zwischen den Händen können Sie einen großen Bogen spüren, der sich durch Arme und Schultern fortsetzt.

➤ Mit dem Einatmen schwingen die Arme zurück.

➤ Nun drehen Sie die Handflächen wieder nach unten und sinken wie in der vorherigen Übung.

➤ Wiederholen Sie diese Übung fünfmal.

3

4

Auf der CD
Track 15

WORAUF SIE ACHTEN SOLLTEN

- Lassen Sie die Schultern entspannt, gerade wenn die Arme auseinander schwingen.
- Nehmen Sie die Arme nicht zu weit nach hinten, sonst verspannen sich Schultern und Oberkörpermuskulatur und behindern die gewünschten Effekte.

Aufmerksamkeit und Wirkung

Die gesamte Armbewegung fördert die Beweglichkeit Ihres Brustkorbs und die Intensität Ihrer Atmung. Ihre Aufmerksamkeit sollte sich darauf richten. Sie können beim Auseinanderschwingen der Arme eine gewisse Betonung auf das Gefühl legen, wie der Brustkorb sich weitet und bewegt. Lenken Sie Ihre Aufmerksamkeit auch einmal auf die Handflächen und spüren Sie nach, wie sie sich während der einzelnen Übungsphasen anfühlen.

Auf der CD
Track 16

WORAUF SIE ACHTEN SOLLTEN

- Versuchen Sie, den Rumpf beim Sinken gerade zu halten. Er kann leicht nach vorn abgeknickt werden.
- Beugen Sie beim Sinken die Knie deutlich mehr als in der Grundposition, ohne sie über die Fußspitzen vorzuschieben.
- Achten Sie darauf, dass die Schultern während der gesamten Bewegung locker bleiben.

Die Wolken teilen

- Sie stehen im hüftbreiten Stand.
- Führen Sie die Hände vor dem Unterleib übereinander. ❶
- Bewegen Sie mit dem Einatmen Ihr Dantian nach oben, die Beine strecken sich ein wenig. Heben Sie die Hände vor dem Körper bis knapp über Kopfhöhe, wobei Sie die Hände leicht drehen, sodass die Handflächen nach vorn weisen. ❷
- Ausatmen, das Dantian wieder sinken lassen. Führen Sie dabei die Arme halbkreisförmig zur Seite und dann seitlich vom Körper nach unten. Die Handflächen weisen nun nach unten. ❸ Sie teilen die Wolken. Lassen Sie die Arme weiter in der Kreisbahn sinken, bis sich die Hände vor dem Unterleib kreuzen.
- Wiederholen Sie die Übung fünfmal.

Aufmerksamkeit und Wirkung

Beim Sinken sollte im Bereich des Damms ein Gefühl der Öffnung entstehen, wobei Sie sich vorstellen, dass Ihr Qi bis in die Füße sinkt. Beim Steigen lenken Sie Ihr Qi über die Beine durch den Rumpf nach oben bis in die Fingerspitzen.

Rudern auf dem See

4

5

- Sie bleiben im hüftbreiten Stand.
- Atmen Sie ein, und steigen Sie mit dem Dantian in gewohnter Weise. Führen Sie die Hände etwas hinter dem Körper nach oben 4 – die Handflächen zeigen dabei nach vorn –, bis die Hände in Kopfhöhe sind. Die Handrücken zeigen nun nach hinten.
- Atmen Sie aus. Bilden Sie lockere Fäuste 5, als wenn Sie entspannt ein Ruder greifen würden, und beginnen Sie mit dem Dantian zu sinken. Dabei sinken die entspannten Fäuste in schulterbreitem Abstand vor dem Körper nach unten, bis sie seitlich neben dem Unterleib sind.
- Nun öffnen Sie die Fäuste und drehen die Handflächen wieder nach vorn.
- Fünfmal wiederholen.

Auf der CD
Track 17

WORAUF SIE ACHTEN SOLLTEN

- Bleiben Sie mit dem Rumpf aufrecht, ähnlich wie beim »Wolken teilen«.

Aufmerksamkeit und Wirkung

Diese Übung bewegt sehr schön Schultern und Schulterblätter, die dadurch beweglicher werden. Spüren Sie den Bewegungen nach, und achten Sie darauf, dass die Schulterblätter immer unten bleiben. Außerdem läuft eine leichte Wellenbewegung durch Ihre Wirbelsäule, wodurch deren Flexibilität gefördert wird. Spüren Sie dieser Bewegung nach, aber forcieren Sie sie nicht. Die Wellenbewegung sollte von allein, ohne Ihr Zutun entstehen.

TIPP

- Schließen Sie die Fäuste, indem Sie Finger für Finger einrollen. Beginnen Sie mit den kleinen Fingern.

Auf der CD
Track 18

Den Ball vor der Schulter tragen

- Sie stehen zu Beginn dieser Übung wieder im hüftbreiten Stand. Atmen Sie ganz ruhig.
- Während Sie ausatmen, bewegen Sie das Dantian nach rechts, bis Ihr gesamtes Gewicht auf dem rechten Bein ruht. Lassen Sie das Dantian etwas sinken, wobei Sie es leicht nach links drehen. Der linke Fuß dreht gleichzeitig nach links mit. Er bildet nun eine Diagonale. (1)
- Verlagern Sie mit dem Einatmen Ihr Dantian nach links, sodass sich Ihr gesamtes Gewicht auf das linke Bein verlagert. Am Ende dieser Gewichtsverlagerung lassen Sie das Dantian etwas steigen, die rechte Ferse hebt sich leicht; Dantian und linker Fuß zeigen in die gleiche Richtung. Mit Beginn der Gewichtsverlagerung schwingen Sie den rechten Arm langsam nach links oben, bis die Hand – die Handfläche weist nach oben links – vor der linken Schulter zur Ruhe kommt, so als ob Sie einen Ball vor der Schulter tragen. (2) Den linken Arm bewegen Sie gleichzeitig hinter den Rücken und legen den linken Handrücken auf den Akupunkturpunkt Mingmen, »das Tor des Lebens«. Mingmen liegt im Bereich der unteren Lendenwirbelsäule gegenüber dem Dantian. (3) Stellen Sie sich Ihre Arme bei dieser Bewegung wie zwei große Pendel vor.
- Während Sie ausatmen, lassen Sie nun Ihr Dantian wieder sinken und drehen sich dabei leicht nach rechts. Ihr Gewicht bleibt auf dem linken Fuß. Der rechte Fuß dreht auf dem Fußballen mit, bis er eine Diagonale nach rechts bildet. Lassen Sie währenddessen die rechte Hand sinken und die linke vom Mingmen zurückschwingen, bis sich beide seitlich vom Körper befinden.
- Führen Sie die Bewegung nun zur anderen Seite aus. Sie tragen den Ball jetzt mit der linken Hand vor der rechten Schulter.
- Wiederholen Sie die Bewegung fünfmal auf jeder Seite.

WORAUF SIE ACHTEN SOLLTEN

- Während Sie das Dantian sinken lassen und es drehen, muss das Gewicht klar und deutlich auf einem Bein liegen.
- Achten Sie darauf, dass Sie Ihr belastetes Knie genau oberhalb des Fußes halten. Es darf nicht nach innen fallen.

1

2

3

Aufmerksamkeit und Wirkung

Begleiten Sie mit Ihrer Aufmerksamkeit das Dantian, und nehmen Sie die unterschiedlichen Empfindungen in Beinen und Armen wahr. Da bei dieser Übung auch mit dem Gewicht gespielt wird, ist ein Bein mal »voll« und mal »leer«, mal »Yin« und mal »Yang«.

Spüren Sie außerdem den spiralförmigen Drehungen der Arme nach, und entdecken Sie die Wirkungen der unterschiedlichen Drehrichtungen.

Ihr Gefühl für Gewicht und Balance wird durch diese Übung verbessert, die Wirbelsäule, die Schultern und die Hüftgelenke werden beweglicher. Die Tätigkeit von Herz, Nieren, Lunge und Leber wird harmonisiert. Und alle Meridiane, die in Armen und Beinen verlaufen, werden aktiviert.

TIPP

➤ Sie können die Qualität der gesamten Übung verändern, indem Sie bei der Gewichtsverlagerung ausatmen und während des Sinkens einatmen – also genau anders herum als in der Beschreibung angegeben.

Mit der Hand stoßen

- Nehmen Sie den hüftbreiten Stand ein.
- Formen Sie, während Sie locker einatmen, die Hände zu lockeren Fäusten, und führen Sie sie an die Hüftknochen. Die Handrücken zeigen nach unten. ❶
- Drehen Sie mit dem Ausatmen das Dantian etwas nach links, und sinken Sie dabei ein wenig. Die Beine beugen sich leicht. Durch die Drehung gleitet die rechte Faust etwas schräg vor den Körper. Währenddessen öffnet sich die Faust. Am Ende der Bewegung ist Ihr Arm fast gestreckt, die Finger sind nach schräg oben gerichtet, und Sie stoßen mit der Handkante nach links vorn. ❷ Dies ist die Ausatemphase.
- Mit dem Einatmen kehren Sie zurück in die Grundposition, die Fäuste an der Hüfte.
- Führen Sie nun die Bewegung zur rechten Seite mit der linken Hand aus.
- Machen Sie auf jeder Seite fünf Wiederholungen, und kehren Sie anschließend in die Grundposition zurück.

Aufmerksamkeit und Wirkung

Achten Sie auf das Gefühl der Ausdehnung und des Zusammenziehens. Indem Sie mit der Hand stoßen, dehnen Sie sich nicht nur nach vorn aus, sondern auch nach hinten, besonders im Bereich der Lendenwirbelsäule. Das aktiviert die inneren Organe und macht Taille und Hüftgelenke beweglicher. Spüren Sie, wie sich der Arm ausdehnt und zusammenzieht. Das fördert die Aktivität der Meridiane im Arm. Achten Sie beim Stoßen auf Ihre Verbindung zum Boden. So wird der ganze Körper in die Bewegung einbezogen.

WORAUF SIE ACHTEN SOLLTEN

- Das Gewicht bleibt gleichmäßig auf beide Beine verteilt.
- Das Handgelenk sollte beim Stoßen zwar etwas angewinkelt, aber niemals angespannt sein.

Unartige Kinder treten mit dem Fuß

- Sie stehen in der Grundposition.
- Stützen Sie die Hände in die Hüften, und verlagern Sie Ihr Gewicht auf das linke Bein.
- Heben Sie, während Sie einatmen, das rechte Knie an, bis der Oberschenkel waagerecht ist. 3
- Ausatmen, das Dantian sinken lassen, und mit der rechten Ferse schräg nach unten und vorn stoßen. Das Bein streckt sich. 4
- Atmen Sie ein, lassen sie das Dantian steigen, und heben Sie das Knie erneut an, bis der Oberschenkel waagrecht ist.
- Atmen Sie aus, und stellen Sie den Fuß wieder auf die Erde.
- Nun führen Sie die Bewegung mit dem anderen Bein aus.
- Üben Sie mit jedem Bein fünfmal, und kommen Sie danach in die Grundposition zurück.

Aufmerksamkeit und Wirkung

Bei dieser Übung wird der Qi-Fluss in den Beinen verbessert, da die Meridiane in den Beinen angesprochen werden. Die Hüft-, Knie- und Fußgelenke werden beweglicher und der Gleichgewichtssinn geschult. Dehnen Sie sich auch hier – wie beim Stoßen mit der Hand – wieder »beidseitig« aus: im Bereich der Lendenwirbel und im Bauchraum. Spüren Sie der stabilisierenden Wirkung dieser Ausdehnung nach.

WORAUF SIE ACHTEN SOLLTEN

- Halten Sie Ihr Gleichgewicht stabil. Heben Sie das Knie nicht so hoch oder sinken Sie nur ganz wenig, wenn Sie so besser stehen können.
- Vermeiden Sie es, die Knie durchzudrücken.

TIPP

- Sie können das Gleichgewicht besser halten, wenn Sie eine gedankliche Verbindung zum Standbein beziehungsweise -fuß aufbauen.

Auf der CD
Track 19

WORAUF SIE ACHTEN SOLLTEN

- Gehen Sie bei den Gewichtsverlagerungen nicht zu weit nach unten, sondern gerade so viel, wie es angenehm ist.
- Beim Zurückverlagern des Gewichts sollten Sie die Arme nicht zu stark anwinkeln, maximal 90 Grad im Ellenbogen.

Das Wasser schieben und der Welle helfen

- Sammeln Sie sich entspannt und locker in der Grundposition im hüftbreiten Stand.
- Während Sie einatmen, bewegen Sie das Dantian nach rechts, bis Ihr gesamtes Gewicht auf dem rechten Bein ruht. Drehen Sie anschließend das Dantian leicht nach links, und setzen Sie mit dem linken Bein einen bequemen Schritt nach links vorn, sodass der linke Fuß eine Diagonale bildet. (Sie befinden sich nun in der in Kapitel 2 beschriebenen Schrittstellung.) Bei diesem Schritt heben Sie die Hände mit den Handflächen nach vorn-unten vor dem Körper bis in Brusthöhe. ❶
- Mit dem Ausatmen verlagern Sie nun das Dantian nach vorn, bis Ihr gesamtes Gewicht auf dem vorderen linken Bein ruht. Dabei beschreiben Sie mit dem Dantian ein kleines Wellental: Zuerst lassen Sie es sinken, wobei Sie leicht in die Knie gehen, und anschließend steigen, bis es ein wenig höher ist als in der Ausgangsposition. Das vordere Knie streckt sich am Ende leicht, bleibt aber noch etwas gebeugt, während sich die hintere Ferse leicht hebt.
- Lassen Sie die Arme, während es das Wellental hinuntergeht, bis vor den Unterleib sinken. ❷ Zusammen mit dem Steigen des Dantian schwingen die Arme vor dem Körper hinauf bis auf Stirnhöhe. ❸ Die Handflächen zeigen dabei nach vorn-unten. Die Bewegung der Hände imitiert eine heranrollende Welle: Nach einem Wellental baut sie sich groß auf. Da Sie dabei das Gewicht nach vorn verlagern, »schieben Sie das Wasser und helfen der Welle«.
- Nun geht es zurück. Während Sie einatmen, verlagern Sie das Dantian auf das hintere, rechte Bein und führen dabei wieder die Wellenbewegung aus. Die Arme sinken gleichzeitig bis auf

1

2

3

Höhe des Unterleibs und steigen dann erneut, Handflächen nach unten, vor dem Körper bis in Brusthöhe.

➤ Wiederholen Sie diese Vor- und Zurückbewegung noch fünfmal, und setzen Sie anschließend den linken Fuß zurück in die Grundposition. Dann führen Sie die Bewegung sechsmal zur anderen Seite aus und kommen anschließend erneut in die Grundposition.

TIPP

➤ Lassen Sie diese »Welle« so richtig schön schwingen und Dynamik entfalten, die aus der Dynamik des Dantian ensteht.

Aufmerksamkeit und Wirkung

Achten Sie auf die feinen, elastischen Bewegungen Ihres Brustkorbs und die unterschiedliche Belastung der Beine. Die Beweglichkeit des Brustkorbs und der Schultern werden bei dieser Übung erhöht, die Funktion der Lunge wird verbessert, ebenso die Fähigkeit der Beinmuskulatur zum An- und Entspannen: Die Muskelpumpe in den Beinen wird angeregt. Letzteres ist gut gegen Krampfadern. Außerdem schulen Sie Ihr Gefühl für Gewicht und Balance.

Dem Gegner auf die Ohren schlagen

- Sie befinden sich im hüftbreiten Stand.
- Formen Sie mit den Händen lockere Fäuste, indem Sie Finger für Finger einrollen. Beginnen Sie mit den kleinen Fingern, dann kommen die Ringfinger, Mittelfinger, Zeigefinger und zum Schluss die Daumen. Legen Sie die Fäuste an die Hüftknochen; die Handrücken weisen nach unten. Atmen Sie dabei aus. ❶
- Während Sie einatmen, bewegen Sie das Dantian nach links, bis Ihr gesamtes Gewicht auf dem linken Bein ruht. Drehen Sie anschließend das Dantian leicht nach rechts, und setzen Sie mit dem rechten Bein einen bequemen Schritt nach rechts vorn, sodass der rechte Fuß eine Diagonale bildet. Bei diesem Schritt schwingen die Fäuste leicht nach außen und die Handrücken drehen sich nach vorn. ❷
- Verlagern Sie mit dem Ausatmen das Dantian nach vorn, bis Ihr Gewicht zu etwa zwei Dritteln auf dem vorderen rechten Fuß ruht. Die Hände schwingen dadurch nach vorn oben, bis die Fäuste etwa in Schulter- bis Kopfhöhe sind, mit etwas Abstand zueinander. Arme und Fäuste drehen spiralförmig, bis am Ende der Bewegung die Knöchel einander zugewandt sind. ❸ Die Schultern bleiben unten, die Arme werden lang, aber nicht gestreckt; sie bleiben in den Ellenbogen leicht gebeugt. Stellen Sie sich vor, Sie schlagen einem Gegner mit den Knöcheln auf die Ohren.
- Verlagern Sie das Dantian mit dem Einatmen wieder zurück auf das linke Bein. Die Fäuste öffnen sich. Die Arme und Hände drehen sich dabei, sodass die Handrücken nach unten zeigen. Die nun offenen Hände kommen auf direktem Wege zurück zu den Hüften.
- Mit dem Ausatmen setzen Sie den rechten Fuß zurück und kommen wieder in den hüftbreiten Stand, das Gewicht gleichmäßig auf beide Füße verteilt.

WORAUF SIE ACHTEN SOLLTEN

- **Bleiben Sie mit dem Oberkörper aufrecht, lehnen Sie sich nicht nach vorne.**
- **Lassen Sie Ihren Körper und insbesondere die Schultern entspannt, gerade wenn Sie „dem Gegner auf die Ohren schlagen". Eine angespannte Muskulatur behindert die positiven Effekte.**

- Bilden Sie wieder lockere Fäuste, und führen Sie nun die Bewegung nach links aus.
- Wiederholen Sie beide Seiten je fünfmal, und kommen Sie anschließend zurück in die Grundposition.

Aufmerksamkeit und Wirkung

Das kontinuierliche Schreiten und Gewichtverlagern fördert die Atemtätigkeit. Diese wird noch intensiviert durch die kämpferische Vorstellung, Sie würden einen Gegner schlagen. Das Zusammenspiel von Bewegung, Vorstellung und Atmung stärkt die »innere Kraft«, die nicht nur für das Kämpfen, sondern vor allem für die Selbstheilung von Bedeutung ist. Bei dieser Übung werden die Arme spiralartig gedreht und gedehnt. Dies walkt die Schultern durch und macht die Rückenmuskulatur beweglich. Dieser Effekt wird durch das Schreiten und Gewichtverlagern noch verstärkt. Spüren Sie dem nach.

TIPP

- Spüren Sie dem Wechselspiel von »Zusammenziehen« und »Ausdehnen« nach.

Den Bogen spannen

- Sie beginnen die Übung im hüftbreiten Stand.
- Kreuzen Sie, während Sie einatmen, die Hände vor dem Unterleib, und heben Sie die gekreuzten Hände vor dem Körper hoch bis etwas unterhalb des Kopfes. Die Handflächen zeigen dabei nach vorn. (1)
- Bewegen Sie, während Sie ausatmen, das Dantian nach rechts, bis Ihr Gewicht überwiegend auf dem rechten Bein ruht. Dabei trennen sich die Hände: Die linke Hand schwingt nach links zur Seite, bis der Arm fast gestreckt ist. Ihr Blick folgt der linken Hand. Die rechte Hand schwingt etwas nach rechts, bis sie rechts neben dem Kopf ist. Beide Handflächen zeigen nach vorn. (2) Ihre Arme sind nun wie Bögen gespannt – der linke Arm relativ gestreckt, der rechte relativ gebeugt. Sie blicken durch das »Tigermaul« der linken Hand, den Winkel, den Daumen und Zeigefinger natürlicherweise bilden.
- Verlagern Sie, während Sie einatmen, Ihr Gewicht wieder in die Mitte, indem Sie das Dantian nach links bewegen. Beide Arme schwingen gleichzeitig nach außen, die Handflächen zeigen dabei kurz nach außen.
- Lassen Sie die Hände mit dem Ausatmen seitlich vom Körper sinken, bis sie sich wieder vor dem Unterleib kreuzen.
- Führen Sie nun die Übung zur anderen Seite aus.
- Wiederholen Sie sie zu beiden Seiten fünfmal.
- Kommen Sie am Schluss in der Grundposition wieder zur Ruhe.

Variation

Wenn Sie mit diesem Bewegungsablauf vertraut sind, können Sie das Sinken und Steigen des Dantian einbeziehen. Damit sollten Sie sich aber Zeit lassen.

WORAUF SIE ACHTEN SOLLTEN

- Stehen Sie aufrecht über dem Bein, auf dem das Gewicht ruht. Vermeiden Sie es, die Hüfte herauszuschieben.
- Auch wenn die Übung »Den Bogen spannen« heißt, sollten Sie sich nicht verspannen. Versuchen Sie statt dessen, die Bögen »entspannt gespannt« zu halten; das heißt, Sie spüren eine gewisse Spannung, aber auch eine entspannende Dehnung.

- Lassen Sie das Dantian sinken, wenn Sie die Hände vor dem Unterleib kreuzen. Dabei ausatmen.
- Lassen Sie das Dantian steigen, während Sie die gekreuzten Hände steigen lassen. Dabei einatmen.
- Wenn Sie das Gewicht zur Seite verlagern und »den Bogen spannen«, sinkt das Dantian. Dabei ausatmen.
- Das Gewicht in die Mitte zurückverlagern, Dantian steigt, einatmen.
- Beim Sinken der Arme sinkt das Dantian. Sie atmen aus.

Aufmerksamkeit und Wirkung

Spüren Sie der »entspannten Spannung« der Bögen in den Armen nach. Wenn die Arme seitlich sinken, folgt eine deutliche Entspannung. Beobachten Sie dieses Wechselspiel, das Ihre innere Kraft fördert. Diese Übung beinhaltet auch ein Wechselspiel für die Aufmerksamkeit, die mal mehr nach innen, mal mehr nach außen gerichtet wird. Wenn die gekreuzten Hände vor dem Körper steigen, lenken Sie Ihre Aufmerksamkeit auf die Körpermitte. Wenn »der Bogen gespannt« wird, wandert die Aufmerksamkeit nach außen, unterstützt von dem Blick durchs Tigermaul.

TIPP

- Probieren Sie diese Übung auch mit einer etwas breiteren Fußstellung aus.

Wie eine Wildgans fliegen

- Lassen Sie Ihr Dantian mit dem Einatmen steigen, bis sich die Fersen heben. Strecken Sie dabei die Beine etwas, bis die Knie nur noch ganz leicht gebeugt sind. Die Arme führen Sie seitlich vom Körper nach oben – Handflächen nach unten – bis in Kopfhöhe. 1
- Nun lassen Sie das Dantian mit dem Ausatmen wieder sinken, etwas tiefer als in der Grundposition. Die Fersen haben nun wieder Kontakt zum Boden. Die Arme sinken ebenfalls auf dem gleichen Weg zurück, den sie gestiegen sind. 2
- Wiederholen Sie die Übung noch fünfmal.

Auf der CD Track 20

Worauf Sie achten sollten

- Der Rumpf bleibt auch beim Sinken aufrecht.
- Behalten Sie immer mit Fußballen und Zehen Kontakt zum Boden. So stehen Sie stabiler.

TIPP

- Wenn Sie Schwierigkeiten haben, das Gleichgewicht zu halten, lassen Sie erst einmal die Fersen auf dem Boden.

Aufmerksamkeit und Wirkung

Versuchen Sie, die Arme wie die Flügel einer Wildgans zu bewegen. Die Armbewegung beginnt im Dantian, läuft über die Schultern und setzt sich geschmeidig wie eine Wasserpflanze über die Ellenbogen bis in Hände und Finger fort. Ihre Aufmerksamkeit verfolgt und steuert beim Steigen und Sinken den Verlauf der Bewegung vom Dantian bis in die Fingerspitzen, beim Sinken zusätzlich bis in die Füße. Gelenke und Muskulatur der Arme werden bei dieser Übung weich und beweglich, ebenso Schultern, Nacken und Hüftgelenke. Die Beinmuskulatur wird gestärkt; der Gleichgewichtssinn geschult.

Den Ball prellen

3

- Sie stehen wieder im hüftbreiten Stand.
- Bewegen Sie mit dem Einatmen das Dantian nach links, bis Ihr gesamtes Gewicht auf dem linken Bein ruht. Heben Sie dann das rechte Knie hoch, bis der Oberschenkel waagrecht ist, und führen Sie gleichzeitig den linken Arm vor dem Körper hinauf bis in Brusthöhe. 3
- Während Sie ausatmen, lassen Sie Knie und Arm wieder sinken und setzen den rechten Fuß in die Grundposition zurück.
- Verlagern Sie nun das Dantian nach rechts, bis das rechte Bein Ihr gesamtes Gewicht trägt, und führen Sie die gleiche Bewegung mit dem linken Knie und dem rechten Arm aus.
- Auf beiden Seiten noch jeweils fünfmal wiederholen.

Aufmerksamkeit und Wirkung

Richten Sie Ihre Aufmerksamkeit hauptsächlich auf das gleichzeitige und gleichmäßige Heben und Senken von Arm und Bein, so als verbinde ein Faden Hand und Knie. Versuchen Sie, eine gedankliche Verbindung zwischen Dantian und Beinen beziehungsweise Armen aufzubauen. Die gegenläufige Bewegung von Arm und Bein fördert die Koordination und harmonisiert die Gehirnhälften. Bluthochdruck und Probleme in Rücken sowie Verdauungstrakt werden gebessert, der Gleichgewichtssinn gestärkt.

Auf der CD
Track 21

WORAUF SIE ACHTEN SOLLTEN

- Bevor Sie Knie und Arm anheben, müssen Sie erst sicher auf dem anderen Bein stehen. Lassen Sie sich also beim Gewichtverlagern Zeit.
- Das Dantian bleibt immer auf der gleichen Höhe.

TIPP

- Wenn Sie das Knie nicht so hoch heben können wie beschrieben, heben Sie es nur so hoch, wie es für Sie angenehm ist.

SAMMELN UND BEWAHREN

Für die Hauptübungen aus dem dritten Kapitel brauchten Sie viel Offenheit und Bereitschaft, sich auf neue Erfahrungen einzulassen. Machen Sie nun einen bewussten Schritt aus dem Üben heraus, zurück in den Alltag – allerdings nicht, ohne zuvor in Ruhe nachzuspüren und das in Fluss gebrachte Qi in sich zu »sammeln«: Was hat mir das Üben gebracht? Und: Wie fühle ich mich jetzt? So können Sie sich viel Positives bewahren und in den Alltag mitnehmen. Die abschließenden Übungen sind ein Stück Wertschätzung dem Üben und sich selbst gegenüber.

Den Prozess des Übens abschließen

1

Sich gut vorzubereiten und eine Übung richtig abzuschließen, ist nicht weniger wichtig als der Hauptteil der Übung. Erst in einem aufmerksamen Abschluss können sich die gemachten Erfahrungen festigen und kann die gewonnene Energie mit in den Alltag genommen werden.

Beschützende Übung

- Nehmen Sie den hüftbreiten Stand ein. Lassen Sie Ruhe einkehren. Die Arme hängen locker seitlich neben dem Körper. 1
- Geben Sie den Händen und Füßen eine tastend-fühlende Qualität. Seien Sie wach.
- Besinnen Sie sich auf alles, was Sie mit der Erde verbindet: Stabilität, Größe, Schwere, Sicherheit und Bodenkontakt.
- Lassen Sie all dies mit der Wahrnehmung für den Boden auf sich wirken, und stellen Sie sich dann vor, diese entstandene Qualität steigt in Ihnen von den Füßen auf, über die Beine hinauf bis ins Dantian. Hier verändert sich diese Qualität, als würde sie verdampfen, und füllt Ihren gesamten Körper bis an die Oberfläche. Dort tritt sie aus und bildet einen Schutz, der an Ihrer Oberfläche wieder nach unten zur Erde geht.
- Wiederholen Sie diese Übung noch einmal.

WORAUF SIE ACHTEN SOLLTEN

- Mit „Oberfläche" ist nicht unbedingt die Haut gemeint. Es kann auch sein, dass Sie eine Oberfläche empfinden, die nicht anatomisch vorhanden ist.

Aufmerksamkeit und Wirkung

Diese Übung kommt unserem Bedürfnis nach Sicherheit und Geborgenheit entgegen und wirkt so stärkend. Außerdem hilft sie, den eigenen Raum zu erfahren und ganz bewusst zu erleben. So wird es auch leichter möglich, die notwendigen Grenzen zu wahren.

Die Sonne im Meer versenken

- Nehmen Sie den hüftbreiten Stand ein. Lassen Sie Ruhe einkehren. Die Arme hängen locker seitlich neben dem Körper.
- Lassen Sie nun leicht betont in die Füße los, wodurch ein sanfter aufsteigender Impuls entsteht. Folgen Sie diesem Impuls, sich leicht aufrichtend, während Sie einen tiefen Atemzug nehmen und die Arme seitlich steigen lassen, bis Sie über dem Kopf scheinbar den Himmel greifen können. 2
- Diese Position steht sinnbildhaft für die Vielfalt und den Reichtum dieser Welt als himmlische Qualität/Yang (Sonne).
- Mit dem Ausatmen wandert Ihre Aufmerksamkeit vom Kopf hinunter durch Hals, Brustkorb, Bauchraum, Becken und Hüften in die Beine und durch die Beine zu den Füßen – dorthin, wo Sie Ihren »Standpunkt«, Ihre Hauptverbindung mit dem Boden haben. Die Hände begleiten Ihre Aufmerksamkeit. Lassen Sie die Hände nah am Körper bis vor den Bauch sinken; die Handflächen zeigen dorthin, wo sich Ihre Aufmerksamkeit befindet. 3
- Diese Position steht für Ihre Basis und den Boden, die Qualität der Erde/Yin (Meer).
- Machen Sie eine kurze Pause, und wiederholen Sie die Übung dann noch einmal.

Aufmerksamkeit und Wirkung

Diese Übung lässt Sie noch einmal die Yang-Qualitäten in Form von Aufsteigen, von Leichtigkeit und Öffnung spüren, ebenso wie die Yin-Qualitäten des Sinkens und der Verbundenheit mit der Erde. Die Übung wirkt beruhigend und harmonisierend, und sie verbessert Ihr Gespür für Ihren eigenen Körper.

2

3

Auf der CD
Track 25

WORAUF SIE ACHTEN SOLLTEN

- Das Loslassen in die Füße zu Beginn ist wie ein Lockern des gesamten Körpers, der – innerlich empfunden – etwas sinkt.

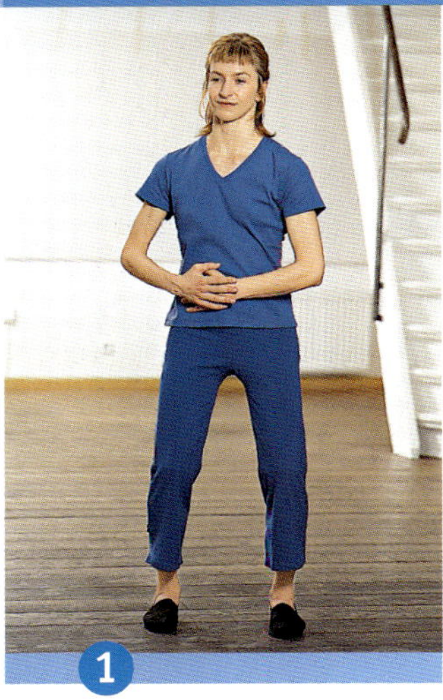
1

Auf der CD
Track 22

Das Qi ins Dantian lenken

- Sie stehen im hüftbreiten Stand.
- Legen Sie die Hände übereinander auf das Dantian – traditionell Frauen zuerst die rechte und dann die linke Hand, Männer erst die linke, dann die rechte. Folgen Sie einfach Ihrer Intuition.
- Beschreiben Sie mit den Händen acht Kreise im Uhrzeigersinn um das Dantian. Die Kreise werden langsam größer. ❶
- Danach führen Sie acht Kreise gegen den Uhrzeigersinn aus, die langsam kleiner werden.
- Verweilen Sie noch einen Augenblick mit den Händen auf dem Dantian. Atmen Sie ruhig, und spüren Sie nach.

WORAUF SIE ACHTEN SOLLTEN

- Reiben Sie nicht zu fest. Es geht bei dieser Übung eher darum, mit Ihrer Aufmerksamkeit das Qi ins Dantian zu lenken, als mit Ihren Händen.

Aufmerksamkeit und Wirkung

Richten Sie Ihre Aufmerksamkeit mehr auf die Atmung im Bauch und weniger auf das Streichen des Bauches mit den Händen. So pflegen Sie die inneren Organe. Halten Sie mit den Füßen guten Kontakt zum Boden. So kann das Qi von der Erde zum Dantian aufsteigen. Ihr Oberkörper sollte aufrecht sein und die Wirbelsäule leicht gedehnt, damit das Qi des Himmels in Ihr Zentrum sinken kann.

Zweifach das Qi einsammeln

Auf der CD
Track 26

- Stehen Sie im hüftbreiten Stand, und atmen Sie einige Male ruhig ein und aus.
- Mit dem nächsten Einatmen führen Sie beide Hände seitlich vor dem Körper nach oben; die Handflächen zeigen ebenfalls nach oben. Setzen Sie die Armbewegung fort, bis die Handflächen von oben Richtung Kopf zeigen. ❷

2

3

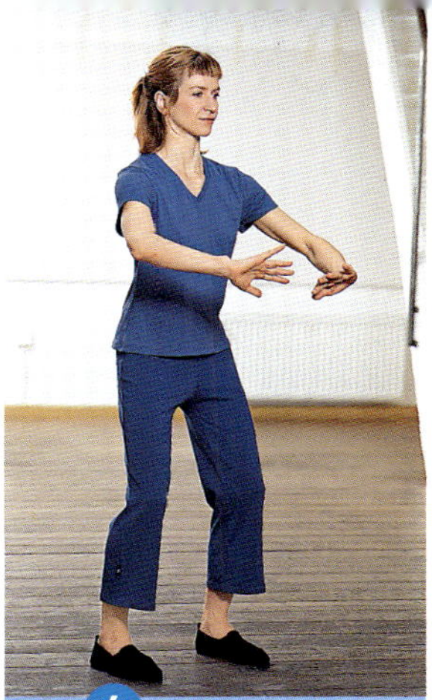
4

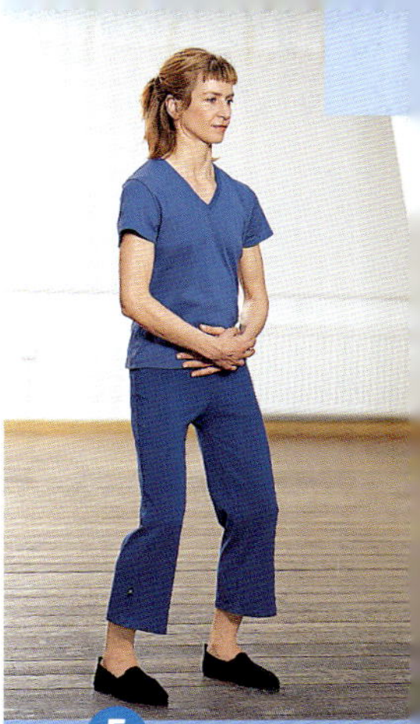
5

- Mit dem Ausatmen lassen Sie die Hände mit den Handflächen nach unten dicht vor Kopf und Körper bis zum Dantian hinabsinken. Die Finger zeigen dabei zueinander. 3
- Wiederholen Sie diese Bewegung vier- bis fünfmal.
- Mit dem nächsten Einatmen schieben Sie die Hände mit den Handflächen waagerecht in der Höhe des Dantian nach vorn. 4 Dabei können Sie sich etwas nach vorn lehnen.
- Mit dem Ausatmen führen Sie die Hände zurück zum Dantian und legen sie übereinander auf den Bauch. Frauen halten dabei die rechte, Männer die linke Hand unten. 5
- Verweilen Sie einige Atemzüge lang in dieser Position; lassen Sie die Hände sinken, bis sie locker neben dem Körper hängen.

WORAUF SIE ACHTEN SOLLTEN

- Die Atmung sollte in jedem Fall ruhig und entspannt sein. Wenn Sie mit dem angegebenen Atemrhythmus nicht zurechtkommen, atmen Sie nach Ihrem eigenen Rhythmus.

Aufmerksamkeit und Wirkung

Beim Heben der Arme entwickeln Sie ein Gefühl der Öffnung im ganzen Körper. Stellen Sie sich vor, wie Sie zuerst Qi von der Erde aufnehmen, es dann mit dem Qi des Himmels mischen, in Ihren Körper füllen und es vom Kopf hinunter zum Dantian leiten. Dann stoßen Sie verbrauchtes Qi ab, sammeln frisches Qi von vorn und führen es zum Dantian. Spüren Sie, wie dabei Atem, Geist und Körper ruhig und frisch werden.

TIPP

- Sie können auch einige Minuten in der Schlussposition verweilen, wenn Sie sich dabei wohl fühlen. Nach längerem Verweilen empfiehlt es sich allerdings, ein paar Bewegungen zum »Aufwachen« zu machen wie die Selbstmassage auf der nächsten Seite.

Auf der CD
Track 11

WORAUF SIE ACHTEN SOLLTEN

- Die Massage sollte – ähnlich wie das Abklopfen in Kapitel 2 – deutlich, aber nicht zu kräftig sein. In jedem Fall sollen Sie sich dabei und auch hinterher wohl fühlen.

Leichte Selbstmassage

- Nehmen Sie den hüftbreiten Stand ein.
- Reiben Sie die Handflächen aneinander. In der Handfläche befindet sich der Akupunkturpunkt Laogong, der durch das Reiben angesprochen und angeregt wird. Das wiederum regt den Qi-Fluss an. Die Hände werden langsam warm. ❶
- Reiben Sie die Qualität, die jetzt in den Händen entstanden ist, ins Gesicht. So stimulieren Sie wichtige Meridiane und deren Endpunkte. Mit den warmen Händen massieren Sie Ihr Gesicht über die Augen nach oben und an den Seiten herunter. ❷
- Nun noch einmal die Hände reiben und die Kopfhaut massieren. Fahren Sie dazu mit den Fingerkuppen über die Kopfhaut wie mit einem Kamm: von der Stirn über die Schädeldecke zum Hinterkopf und dann von der Stirn seitlich oberhalb der Ohren nach hinten. ❸
- Und die Hände noch einmal reiben. Bilden Sie mit Ring- und Mittelfinger ein »V«, und legen Sie sie vor und hinter die Ohren. Reiben Sie hinauf und hinunter, kneten Sie die Ohren so zwischen den Fingern, und massieren Sie auch den Kopf hinter und vor den Ohren.
- Die Hände erneut aneinander reiben und mit den durchgewärmten Handflächen die Gegend um den großen Wirbel am Halsansatz kräftig reiben, dabei auch die Schulterpartie und den gesamten Hals mit einbeziehen. ❹
- Klopfen Sie nun noch kurz die Arme ab, das erfrischt und macht wach. Klopfen Sie mit der flachen Hand oder lockeren Fäusten die Arme von der Schulter ab, so wie in der Übung »Abklopfen« (Seite 34) beschrieben.
- Reiben Sie zum Abschluss die Nieren mit den offenen Händen. Die Nieren sind ein wichtiger Speicher des Qi und freuen sich über eine gute Behandlung.

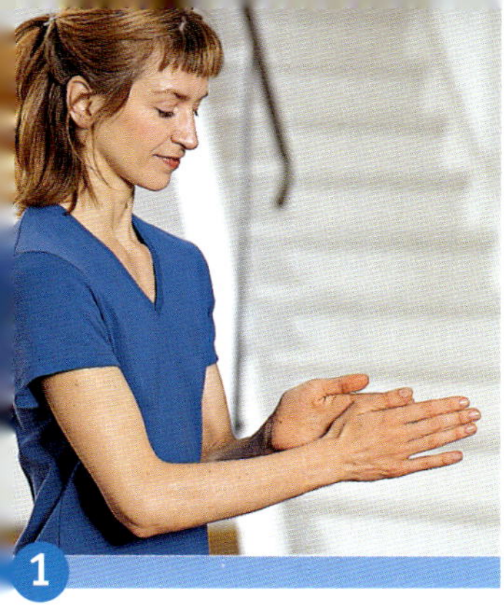

TIPP

➤ Diese Übung eignet sich besonders zum Abschluss der Qigong-Übungseinheit und immer dann, wenn nach Phasen der inneren Sammlung ein »Aufwachen« erfolgen soll.

➤ Treten Sie zum Abschluss mit einem Schritt bewusst aus dem Üben heraus, und nehmen Sie diese wache, erfrischte Qualität mit in den Alltag.

Aufmerksamkeit und Wirkung

Diese Übung wirkt angenehm wohltuend, entspannend und gleichzeitig erfrischend und lässt Sie die ganze Größe Ihres Körpers fühlen. Verfolgen Sie mit Ihrer Aufmerksamkeit die Bewegungen Ihrer Hände. Spüren Sie, wie die Massage auf die massierten Körperteile wirkt und wie sich Ihre Wahrnehmung dabei verändert.

Sachregister

Bücher und Adressen, die weiterhelfen

Bücher

Daiker, Ilona / Kirschbaum, Barbara: *Die Heilkunst der Chinesen – Qigong, Akupunktur, Massage, Ernährung, Heilkräuter,* Rowohlt Verlag

Folkers, Manfred: *Achtsamkeit und Entschleunigung. Für einen heilsamen Umgang mit Mensch und Welt,* Theseus Verlag

Friedrich, Andreas W.: *Ba Duan Jin: Die acht edlen Übungen,* Kirchheim Verlag

Lie, Foen Tjoeng: *Wissenswertes von Qigong,* Kolibri Verlag

Ders.: *Qi-Gong – Übungsbuch,* Kolibri Verlag

Liu, Qingshan: *Qi Gong – Der chinesische Weg für ein gesundes, langes Leben,* Hugendubel Verlag

Zeitschriften

Taijiquan & Qigong Journal (vierteljährlich erscheinende Fachzeitschrift), a & o medianetwork

Qigong für Einsteiger Sonderausgabe des Taijiquan & Qigong Journals, a & o medianetwork (erscheint im Dezember 2003)

Wichtiger Hinweis

Die Inhalte des vorliegenden Ratgebers wurden sorgfältig recherchiert und haben sich in der Praxis bewährt. Alle Leserinnen und Leser sind jedoch aufgefordert, selbst zu entscheiden, ob und inwieweit sie Übungsanleitungen und Anregungen aus diesem Buch umsetzen wollen. Autoren und Verlag übernehmen keine Haftung für die Resultate.

Adressen

Taijiquan & Qigong Netzwerk Deutschland
Bleicherstr. 7
D-30169 Hannover
Tel.: 0511/1691767
Fax: 0511/2358536
www.taijiquan-qigong.de
info@taijiquan-qigong.de

Deutsche Qigong Gesellschaft
Guttenbrunnweg 9
D-89165 Dietenheim
Tel.: 07347/3439
Fax: 07347/921806
www.qigong-gesellschaft.de
contact@qigong-gesellschaft.de

Kolibri Seminare
Wielandstr. 37
D-22089 Hamburg
Tel.: 040/2276354
Fax: 040/2276368
www.kolibri-seminare.de
info@kolibri-seminare.de

Interessensvertretung der Qigong- und TaijiQuan-LehrerInnen Österreichs
Postfach 22
A-2013 Gollersdorf
Tel.: 02262/63051
Fax: 02262/63030
www.iqtoe.at; buero@iqtoe.at

LESEN UND HÖREN

Entspannen und auftanken mit Buch und CD

ISBN 3-7742-4787-0
80 Seiten | € 16,90 [D]

ISBN 3-7742-4786-2
80 Seiten | € 16,90 [D]

ISBN 3-7742-5591-1
80 Seiten | € 16,90 [D]

ISBN 3-7742-5571-7
80 Seiten | € 16,90 [D]

Mit der Kombination aus Buch und Audio-CD fällt das Lernen von Übungsmethoden leicht und macht mehr Spaß. Lassen Sie sich von einer motivierenden Stimme leiten und genießen Sie die extra komponierte anregende oder entspannende Musik!

G|U

Willkommen im Leben.

Änderungen und Irrtum vorbehalten.

Impressum

Redaktion: Ilona Daiker
Lektorat: Anja Schmidt
Satz und Gestaltung: Felicitas Holdau
Layout und Umschlaggestaltung: Claudia Fillmann, Independent Medien-Design, München
Herstellung: Markus Plötz
Lithos: W & Co., München
Druck und Bindung: Printer Trento

ISBN 3-7742-6039-7

Auflage	5.	4.	3.
Jahr	07	06	2005

GRÄFE UND UNZER

Ein Unternehmen der
GANSKE VERLAGSGRUPPE

Bildnachweis

Fotoproduktion: Martin Wagenhan

Weitere Fotos: Corbis: Seite 14; Getty Images: Seite 2, 6; GU: Seite 9 (H. Vignati), 10, 12, 13 (M. Jahreis); Hansmann: Seite 11; Jahreszeiten Verlag: Cover vorne (K. Geist)

CD

Text: Wilhelm Mertens, Helmut Oberlack.
Musik komponiert und arrangiert von Thomas Schwaiger
Thomas Schwaiger: Programming, Synthesizers, Zheng, Yang Qin.
Asian samples courtesy of Spectrasonics »Heart of Asia«.
Sprecherin: Dagmar Dempe.
Sprachaufnahmen: Groundlift Studio, Schondorf, Dieter Kurz und Daniel Betz.
Aufgenommen (Musik), gemischt und gemastert von Dieter Kurz im Tonwerk Greifenberg.
Ausführend produziert von Thomas Schwaiger für Phonopool.

DAS ORIGINAL GU MIT GARANTIE

Das Original mit Garantie

IHRE MEINUNG IST UNS WICHTIG. Deshalb möchten wir Ihre Kritik, gerne aber auch Ihr Lob erfahren, um als führender Ratgeberverlag für Sie noch besser zu werden. Darum: Schreiben Sie uns! Wir freuen uns auf Ihre Post und wünschen Ihnen viel Spaß mit Ihrem GU-Ratgeber.

UNSERE GARANTIE: Sollte ein GU-Ratgeber einmal einen Fehler enthalten, schicken Sie uns bitte das Buch mit einem kleinen Hinweis und der Quittung innerhalb von sechs Monaten nach dem Kauf zurück. Wir tauschen Ihnen den GU-Ratgeber gegen einen anderen zum gleichen oder ähnlichen Thema um.

Ihr GRÄFE UND UNZER VERLAG
Redaktion Körper & Seele
Postfach 86 03 25
81630 München
Fax: 089/41981-113
E-Mail: leserservice@graefe-und-unzer.de